"十三五"国家重点图书出版规划项目

Getting to
the Rule of Law

迈向法治

[美] 詹姆斯·E. 弗莱明（James E. Fleming） 编

窦海心 译

ZHEJIANG UNIVERSITY PRESS
浙江大学出版社

总　　序

当今世界，各国社会制度不尽相同，种族、民族构成不尽相同，历史文化传统纷呈各异，经济社会发展水平参差不齐，但都有自己的文明。在全球化时代，交流、互鉴是文明发展进步的必由之路，法治文明的发展进步也遵循着同样的规律。中国特色社会主义法治是前无先例、外无范式的事业，没有现成的道路可以遵循，没有现成的模式可以照搬，主要靠我们自己探索、实践和创造。因此，特别需要学术界围绕社会主义法治建设重大理论和实践问题开展研究，推进法治理论创新，发展符合中国实际、具有中国特色、体现社会发展规律的社会主义法治理论，为依法治国提供理论指导和学理支撑。但这绝不意味着自我封闭、自给自足，而必须在立足实践、尊重国情的前提下，全面梳理、认真鉴别、合理吸收西方发达国家的法治文明，包括其法学理论和法治思想。

近代以来，中国法治现代化的历史经验告诉我们：包括马克思主义在内的"西学东进"，撬动了中国封建社会，推动了中国传统法治文明的现代化进程。西方法治文明，如同中华法治文明一样，有许多跨越时空的理念、制度和方法，诸如依法治理、权力制约、权利保障、法律面前人人平等、契约自由、正当程序以及有关法治的许多学说,反映了人类法治文明发展的一般规律。今天,我们认真甄别和吸纳这些有益的理念、规则和学说,不仅彰显中国特色社会主义法治的开放性和先进性,而且体现出中国法治建设遵循着"文明因交流而精彩、文明因互鉴而进步"的一般规律。

正是基于这种信念,我们策划了本丛书。丛书本着文明交流互鉴的宗旨,立足中国、放眼全球、面向未来,计划持续甄选、译介当代西方法治理论中的上乘之作。入选作品分为三类,分别代表了法治的三个重要维度:法治理论、法治实践和法治模式。第一类作品属于元理论层次的学术研究,是一些位居理论最前沿、学术反响最强烈的理论性著述;第二类作品是针对民主、法治、宪法和其他具体法律制度设计及法律运作问题而开展的法治实践论题研究;第三类作品的研究主题是西方国家以及中国周边国家各具特色的法治模式。

在译介本丛书的同时,我们也致力于推进中国法治文明和法治理论走向世界。本丛书将推出一系列代表当代中国法学理论和法治思想研究水准的著作。当代中国的法学理论和法治思想既传承了中华传统法律文化的精华,又提炼了中国特色社会主义法治实践经验。被公认为世界五大法系之一的中华法系,曾广泛地传播到了周边国家并产生影响,并在相当长时间里居于世界法治文明的顶峰。在这个法治全球化的时代,我们应当特别注重提高中国特色法治理论和法治话语的国际融通力和影响力,建构一个既凝聚中国传统智慧和当代经验,又体现人类共同价值和普遍示范效应的法治理论和法治话语体系,以真正实现中西法学智慧的融合与东西方法治文明的交流互鉴。

是为序。

张文显

2017 年 5 月 18 日

译　　序

　　法学研究者、对法学理论想一探究竟的法律实务者、法学院的在校学生以及其他所有对法治颇有兴味的读者，想要通过阅读本书来"迈向法治"，很有必要同我一起，先对本书的编写逻辑进行一个宏观上的梳理。这既有利于提高阅读效率，也有助于提升阅读获得感，进而培养对法学专业书籍的阅读兴趣，消除一些"大部头"理论专著给人们留下的枯燥而无趣的刻板印象。

　　本书选取了与法治相关的 12 篇文章，分成"了解法治的概念""保障或恢复'9·11事件'后的法治""军事干预后的法治建设"三个部分进行阐述。其中，每个部分的第一篇文章分别把握了本部分论述的主要基调，其后三篇文章则主要是对此文展开简短评述，指出论证的不足之处或提出个人的隐忧。

　　第一部分"了解法治的概念"以杰里米·沃尔德伦的《法治与程序的重要性》为开篇，讨论了程序要素之于法治的重要意义，警醒学者莫要让"对实质性概念的热情掩盖形式要素所拥有的独立价值"。同时，他提出了一个与朗·富勒的"法律八要素"同样重要的法治的程序要素清单，并认为糅合了程序要素的法治与法律技术息息相关，也完整表达了程序与尊严之间的关联。罗宾·韦斯特以《程序的约束》(第二篇)回应了沃尔德伦。他对沃氏关切程序性法治的初衷是基本认同的,但同时提出了五点异议:其一,他列举了大量针对法治的程序要素开展的学术研究,修正了沃氏对程序主义者的忽视;其二,他认为沃氏的观点"冒险地粉饰了我们现今的实践",若实践本身存在缺陷,"实践中的法治还如此依赖程序价值",则法治最终会走向尴尬的境地;其三,程序不是万全万能的,"即使有全世界所有的正当程序,也可以造成对尊严的严重侵犯";其四,正义有时反倒会因正当程序而被消减,而非受其加持;其五,也是韦斯特认为最应当被谨慎对待的,沃氏的论述缺乏关于"这种干预私人权利过度行使的法律权力"的功能或理念的表述,直接导致的后果会让"我们的许多法律理念和实践被置于程序、形式和实质理念之外"。科里·布雷特施奈德的《法治的实质性概念:非任意性待遇与程序的约束》(第三篇)认为,"沃氏最重要的贡献之一是他对法治的形式主义概念发起了挑战,而这种概念主导了关于这一论题的讨论"。布雷特施奈德采用并在某些方面详尽阐释了沃氏对法治的重要贡献:一方面,他"强调了为什么尊严本身的价值应被理解为一种实质性价值,需要实质性保障的补充和限制性程序";另一方面,他也"说明了要充分考虑法治所要求的在法律和民主程序上的约束,尊严的价值应当被扩大至不仅要尊重智慧的个体,也应包括非任意性待遇的理念"。马丁·克里杰尔的《法治的四个谜题:为什么?做什么?去哪里?谁在乎?》一文是第一部分的最后一篇文章。克里杰尔认为,我们的位置往往决定了我们对法治的立场。对于法治的建设,学者们或主张在尚未建立法治之处着手创建法治——这种尝试常常是艰辛而无果的;或主张在法治已存在之地完善法治。"在我们探讨何为法治,它依赖什么,它的价值又是什么之前,弄清是谁在问,以及身处什么样的环境下问,是很有裨益的。"

第二部分"保障或恢复'9·11事件'后的法治"主要是以"9·11

事件"发生后人类对国家安全问题的重新审视为起点,探究行政权力与法治之间的关系。本杰明·克莱纳曼的《分权模式与国家安全制度》(第五篇)分别分析了 19 世纪与 20 世纪的权力分立模式。他认为,"19 世纪的学者理解和允许行政裁量权的存在,但同时另外两个部门也要保障行政权力会为权力的不当行使而负责;在 20 世纪,将行政自由裁量权合法化的企图迫使整个政府在国家安全问题上成为同谋"。克莱纳曼主张回归早期分权模式,即"与其期待法院在国家安全与个人权利的冲突中找到一个完美的平衡,不如相信宪法留给我们的这个系统。它可以通过分化权力的政治主张,自然而然地达到那种平衡"。柯蒂斯·布拉德利在《司法监督、正义与法律约束下的行政裁量权》(第六篇)一文中提出,他总体上同意克莱纳曼"建议法院应该避免对政府在国家安全事务中的最终宪法权力做出不必要干涉"的看法。然而,布拉德利发现,"克莱纳曼对三权分立的 19 世纪模式与现代模式的比较是有问题的,这主要体现在对最高法院和行政机构的特征描述上"。最终,基于对一些案例的分析,布拉德利认为"无需让政府部门拥有超出法律范围之外的自由裁量权"。莱昂内尔·麦克弗森的《"行政裁量权"的不稳定性》(第七篇)也对克莱纳曼的部分观点表示赞同,并提出"行政裁量权实质层面的终极问题在于,本身违反道德的行为是否在某些情况下变得正当。无论是在涉及国家安全的危险之下,或出于其他功利的理由。但若人类面临的危险真的如此巨大,这似乎破坏了行政裁量权作为总统或其他特殊官员独特权力的功能。在危机之下,只有为了格外崇高的人类共同利益,以及特殊权威才能进行道德合理性的判断。任何个人或团体,为了更大的利益而采取一些通常在道德上令人反感的行动,都应当为之。若真的有必要,无论做出何种解释,谁去做和如何做都不重要。当然,这也正是在道德的实质性上对政治必要性极度谨慎的原因"。索蒂里奥斯·巴伯与詹姆士·弗莱明的《宪制理论、单一行政与法治》(第八篇)探讨了单一行政相关理论本身,以及它对法治和未来整个宪法理论体系的贡献。"随着布什时代的到来,'规范性法律'时代已经过去,宪法学家应当要开始思索一些非传统术语了。在这个过程中,宪法学家需要更深入地理解宪制承诺、制度审查,以及宪法的善、品质和美德的广阔背景。关于单一行政的理论化以及法治的维持或恢复,也必须进行更深远的考量。"

第三部分"军事干预后的法治建设"讨论了从阿富汗到伊拉克,从塞拉利昂、东帝汶到巴尔干等国家和地区在军事干预后重新建立法治的问题。简·斯托姆斯在《基层正义?建立在冲突社会中的国际刑事法庭与国内法治》(第九篇)一文中提出,在这些经历了军事干预的国家和地区,"国家领导人和国际力量都在努力巩固脆弱的治理结构,建立真正的安全,完善司法制度,在暴力冲突之中或之后重塑公众对这些机构的信心。建立对法治至关重要的制度是困难的——包括能够符合程序正义和基本人权运作的法院,让充满怀疑的公众认为改革后的全新制度可能更难值得信任……想要在这些国家和地区通过法治建立公众信任,最重要的是要让公民感到安心……让他们相信自己将被保护免遭侵略性的国家和非国家主体的伤害"。尤其是在国际和混合型刑事法院如何能够为当地司法做出实质性贡献方面,斯托姆斯提出了有效建议。汤姆·金斯伯格的《法治与国家建设工程是对帝国主义的捍卫吗?》(第十篇)对斯托姆斯的观点进行了简短评论。他认为,斯托姆斯对战后的社会、法律与发展所扮演的角色的研究做出了重大贡献,其独特性在于"将基本秩序的重建与严重侵犯人权者的国际刑事司法问题联系起来"。金斯伯格首先考虑的是自我执行机制的重要性,然后考虑引入外部执行者的效果。有一种观点认为,外部干预在某些情况下可以挤迫出建立社会秩序的内部措施。然后,金斯伯格通过"研究战后成功进行干预的案例,发现它与法治无关"。拉里·梅的《旁观者、法治与刑事审判》(第十一篇)分析了"社会(尤其是社会中的那些暴行旁观者和潜在的暴行旁观者)对程序的尊重,对程序公正性的承认,是重建法治的关键,并借鉴正义战争的传统，以及斯托姆斯对转型社会中的法治的研究，讨论了卢旺达转型期的司法程序，即加卡卡法院"。理查德·米勒的《权力仍在扭曲权利：法治的风险》（第十二篇）指出，"当进行干预的政府单独或联合执掌某个国家，并重塑该国的治理方式时，他们会声称，自己的目标是建立法治……但也许，在这项所谓的法治工程中，最终做出的决策并没有秉承以推动法治及其潜在价值的原则"，并出现强权干预的帝国主义等诸多弊端。因此，米勒认为"尽管法治的重要性不言而喻，但法治工程应当经过仔细审查和严格控制"。

中国社会历经了"逢山开路、遇水架桥"的改革开放 40 年，从最初"法治"（Rule of Law）作为一个西方话语体系中的语词传入中国，到此刻的中国法学学者居安思危，枕戈待旦，面临着全球化向纵深发展对大国变革提出的挑战。再观曾与"民主""人权""平等"等诸多美好意象相关联的"法治"，我们需要更多地审慎思考与理性剖析，也需要聆听更多关于"法治"的西方声音，建立符合中国叙事的当代中国法治观，进而进化出一整套富有实践理性、细腻丰富的中国法治实践系统。

诚挚感谢陈林林老师在翻译上对我的指导与鼓励。感谢我的父母对我始终如一的支持与信任。译文中难免有疏漏与不当之处，敬请各位读者批评指正。

窦海心

2019 年 7 月 20 日

于浙江杭州

目　　录

第三部分　军事干预后的法治建设

第一部分

了解法治的概念

第一篇　法治与程序的重要性

杰里米·沃尔德伦

一、迈向法治

法治是我们政治道德理想中的一颗恒星，它的光芒散落于民主、人权和经济自由这些价值理念之中。我们想要民主社会，我们想要尊重人权，我们想要社会正义无须作出重大妥协就可以确立以自由市场和财产私有制为中心的经济制度。我们还想要在法治治理下的有序社会。我们想要新社会的法治——比如，新兴的民主国家——还有旧社会的法治，以及国家政治团体、地区和国际治理层面的法治，并且我们想让法治延伸到社会治理事务的方方面面——不只是常规的刑法、商法或行政法，也包括在边缘领域实施的法律、反恐法以及对一些人群执法的权力。这些人是一些被边缘化的人，一些我们可以放心释放的外围人员和一些我们要当作（用约翰·洛克的话说）"没有社会性也毫无安全性的野兽"去摧毁的人。迈向法治指的不仅仅是逞唇舌之利，达到现代民主繁荣的一般性安全；它还意味着要将法治延伸至并不熟悉它的那些国家；至于那些熟识法治的国家，则要将法治渗透到政治治理之下的每一个黑暗角落。

当我留心倾听世间那些对法治的评论,我的内心会因为一个现象而感到不安:人们所关注的法治要件,并非法哲学家们在学术文章中所阐释的那些。法哲学家试图强调法治的形式要件,如一般规则而非法院判决;事前法而非事后法;一个具有充分稳定性(充分不易变更)的规则体系,以制定具有可预测性的、保障生活与经济正常运转的法律规则;被公开制定、而非在官僚主义的壁橱中秘而不宣的规则;具有明确规范性的法律规则,且不能是模糊或有争议的规范,最终寄希望于法院在自由裁量上的宽悯。这些都是法治的形式维度,因为他们考量了适用于我们行为规范的形式:普遍性、前瞻性、稳定性、公开性、明确性,等等。然而,我们不能仅仅看到其形式要素。在哈耶克(F. A. Hayek)的法治理论中,我们视这些因素对法律的可预测性有贡献,而哈耶克认为这种可预测性,是自由不可或缺的。在朗·富勒(Lon Fuller)的理论中,我们同样将它们视为对人格尊严的尊重:"用未公开的或溯及既往的法律来评判'人们的'行为……等于是告诉'他们',你对'他们'的自主权漠不关心。"(我会在第五部分中对此作进一步说明)富勒也曾作出预测:若我们从形式主义角度尊重人格尊严,我们将发现自己在对抗对尊严和正义的实质性攻击时,变得更加束手束脚。虽然这一点是非常具有争议性的,但它进一步证明了那些采纳了法治形式定义的人也并不都是形式主义的。

如前所述,老百姓大声疾呼让法治延伸至以前未曾覆盖的治理领域,但法治的形式定义其实并不是他们所认为的那样。这种说法通常会引出法治的实质定义。我对法治理念的实质性概念也不再像以前那样排斥。我相信,在实质要素和形式要素之间存在一种天然的重叠,正如我们所见尤其是因为形式要素在尊严和自由的实质层面也常伴随争议。我依旧认为,不要让我们对实质性概念的热情掩盖了形式要素所拥有的独立价值。夸大几种政治理念的差异性和它们之间的界限的明确性也许是一个错误。

当说起老百姓对法治的疾呼,他们迫切需要的仍不是形式上的法治,并且现在我脑中仍无法浮现出法治的实质性概念。相反,我想到的要素是法律程序与法律机构,如法院。最近,在巴基斯坦,当人们呼唤法治的回归时,他们指的是司法独立并让非民选政府解聘大量法官。在美国,律师为关塔那摩湾被关押人员呼唤的法治,是为那些在押人员举行听证,他们本应有机会对那些对他们不利的证据进行调取和检查,并针对指控作出抗辩,而这些只是正常法律程序而已。

二、要素的清单

我脑中的程序性原则有哪些?法理学家喜欢列出需求清单。最著名的是朗·富勒的"法律的内在道德性"八条原则。

(1)一般性;

(2)公开性;

(3)不溯及既往性;

(4)明确性;

(5)连贯性;

(6)可达成性;

(7)稳定性;

(8)一致性。

我认为,我们需要以一个同样非常重要的程序的要素清单来与这个清单相媲美。这份清单的草图可大概描述为,除非满足下列条件,否则政府不得对个人施以刑罚、玷污其名誉或使其蒙受重大损失。

(1)由一个公正的法庭召开听证,公正的法庭须基于证据原则,并在作出刑罚、污名或蒙受损失等裁决之前,听取来自双方的正式论辩;

(2)有受过专业法律培训的法官,此人不依附于其他政府机构;

(3)有寻找代表律师的权利及为案件做准备的合理时间;

（4）在案件的所有重要阶段都有由律师代表的权利；

（5）被扣押者有权查阅对自己不利的证据；

（6）有权要求政府保证所有调查取证的手段都是正当的；

（7）有权提供有利于己方的证据；

（8）有权对所提供的证据和与本案相关的法律规范做出抗辩；

（9）当法庭基于证据和抗辩做出裁决时，有权从法庭得知理由；

（10）有向更高一级法院上诉的权利。

这些要件的出现通常伴随着一些术语，如"自然正义"①，同时它们也是法治的重要组成部分。我想，若我们将法治仅理解为包含富勒的八条内容，而排除如我所列出的程序清单十条，那么，我们就完全低估了法治。当这些程序要素遭到忽略，或调查程序问题的机构受到阻挠，或调查遭到破坏时，法治的精神就会被践踏。同样，若我们没有将下面这个实质要素清单与我已经列出的两个清单（形式清单和程序清单）进行对比，我们也会对法治是否有实质维度的问题有所误解。切忌只将实质清单与形式清单进行对比。实质清单包括了下面几条：

（1）尊重私有财产；

（2）禁止虐待和酷刑；

（3）无罪推定；

（4）民主选举。

三、哈耶克、富勒和戴西著述中的形式与程序

显然，这类程序需求——如清单上的十条——在对法治的探讨中鲜少被法学和政治哲学提及。

哈耶克的《自由秩序原理》（*The Constitution of Liberty*）中有一

---

① 在英国和其他地方，"自然正义"一词指的是美国人所说的正当程序的最基本内容。

章——《法律、命令与秩序》，里面并未提到什么是法院或法律规定的程序；而是通篇在讲一些形式特征之间的关系，如抽象性、普遍性和个人自由。该书后面的章节倒是提到了一点关于法院的内容，但几乎未提及程序问题。在哈耶克后来的关于法治的作品中也有同样情况，如他的三卷本《法律、立法与自由》（*Law，Legislation and Liberty*）。哈耶克在其第一部分第五章中探讨了许多关于法官的角色定位问题，但也都是关于法官设立规则的适当形式，而不是描述法庭上的程序性内容。

富勒的观点更加具有启发性。富勒认为，包括一般性、公开性、非溯及既往性等在内的法律内在道德是"程序性的"，但他其实指的是它的非实质性。富勒说：

> 为了便于区分（虽然这并不是一种令人完全满意的方式）……我们说这种程序性，区别于实质性的自然法。我所谓的，这个意义上的法律内在道德性是自然法的程序性版本，这是为了避免误解"程序性"这个词应当被赋予一种特殊的扩展性含义。例如，官方行动与颁布的法律之间存在实质上的一致性。然而，若不涉及法律规范的实质性目的，而仅仅关于规制人类行为的规则体系，那么我们所指的"程序性"一般是恰当的。

事实上，与实质（substantive）相对的可以是程序（procedural），也可以是形式（formal）。这两个具有很大差别，而显然富勒指的是"形式—实质"这一对。与他的法律的内在道德性相关的是法律规范的形式问题，而不是它们的制定程序或（更重要的）执行程序。在这八项内容里，只有一项与程序有些关联（这里应与形式的问题相区别），即需要官方行为与成文法一致——如他所说（在上述引文中），"'程序上的'一词应具有特殊含义并做扩充解释"！

问题是，富勒在关于法律内在道德的《法律的道德性》（*The*

Morality of Law)①一书第二章和第三章中,几乎没有提及法定诉讼程序或法庭程序。富勒在早期对哈特(H. L. A. Hart)在霍姆斯讲座上的言论也有过类似回应。同样,富勒致力于我们应如何看待法律形式特征(一般性、公开性、一致性等)的研究,并且他认为它们之所以能够规避不公正,是基于不正义判决与法律规范间的不一致性。

> 持续良法比持续恶法更容易被接受。在这种理解下,我相信,当人们被迫解释并证明他们的决定合理时,他们通常会将这些决定推向以某种标准衡量而得出的善……即使是最扭曲的政权,对于将残忍、苛刻和不人道的行为写入法律也会有所迟疑。

他的这些评论和他对纳粹"合法性"的剖析都与法律的形式,而非法律的程序有关。这是富勒阐释"法治"的立足点。

我不是说富勒不关心程序。在《法律的道德性》第四章结尾处,他讨论了法律的内在道德性是否也为政府机构在复杂的经济形势下如何做出决策提供了指引。富勒说,我们面对的是,在"不可预测的范围与难以估量的重要程度"之下的制度设计问题。

> 司法系统不可避免地要在这些问题的解决上发挥重要作用。最危险的是,我们会想当然地将新的条件应用到已经证明了存在设计缺陷的传统制度和程序中。作为法律人,我们自然倾向于将政府的每一项职能"司法化"。我们熟悉司法裁判,它能够彰显我们的特殊才能。然而,我们必须面对一个事实:司法裁判对于经济管理和政府对资源分配的参与,是无效的。

这似乎是流露出了像对法治形式问题一样的,对程序问题的关注(实际上,这更像是一种对是否应将其应用于政府功能的怀疑论)。特别需要指出的是,这一段对裁判过程的关注是早期法律内在道德

---

① 富勒在《法律的道德性》中提到了"正当程序",但这是在术语的技术意义上,它涉及事后法律是否违反(这个意义上的)正当程序。

性的著述中所没有的。

事实上,富勒是一个伟大的程序主义者,他为我们对司法过程的解读作出了巨大贡献。妮古拉·莱西(Nicola Lacey)对富勒与哈特的论战中强调程序合法、机构合法与形式合法同等重要这一观点提出了质疑。但她认同哈特设置的议题,即"什么是法律以及法律与道德的关系是什么"。这个关键问题却并未让她沿着某些特殊的方面进行后续探讨,即"依照机构的程序性规定,什么是法律体系,以及这个体系与道德是什么关系"。

幸运的是,我们无须沿着这个方向进行论证。我想我们可以有效地追索法治与形式维度相类似的程序维度,并将此二者与一个更实质性的概念相区分。在法治的研究上,这是有先例的。

艾伯特·戴西(Albert Venn Dicey)认为法治是英国宪法的一个显著特征,并通过以下事例进行描述:

> 当我们谈及主权或法治是英国宪法的一个特征时,我们指的是,首先,除有普通法认定的明显违法行为外,任何人不得对他人进行处罚或通过法律使他人承受身体或财物损害。从这个意义上讲,法治与政府统治形成鲜明对比,后者建立在权力拥有者广泛、任意的自由裁量基础之上。

我认为这是一段非常重要的文字。若没有这种阐述,我们喜欢从规则的应用与纯粹个性化的惩罚应用(没有规则的指导)的角度来对比法治与专制政府。有了这种阐述,法律与自由裁量之间的区别在于机构和程序:除非有法院依照普通法律程序所制定的普通法律习惯作出判决,否则不应有人受到法律制裁。

汤普森(E. P. Thompson)坚持认为(这为他的马克思主义同盟提了个醒)法治是"一个不合格的人类产品"和一种"'普世'的文化成就",并对程序的重要性进行了大段说明:

> 统治者(实际上是整个统治阶级)不仅受到他们自己制定的

11 法律规则的限制,无法直接行使武力(任意监禁、对平民使用军队、酷刑以及其他我们所熟知的特权),他们还相信这些规则以及相关修辞——在某些有限的领域内,法律本身成为一种真正的媒介,某种阶级冲突会通过法律得以解决。甚至有时候……政府本身也要向法院认输。

如前所述,在近些年的法哲学发展中,"法治"经常被认为是一份要素清单,应当包括良善的法律系统所具有的一系列特征。其中大多是八条由富勒提出的"内在道德"因素,但也偶有程序和制度的考量。因此,约瑟夫·拉兹(Joseph Raz)的清单的第4、5、7项是:"(4)必须保障司法的独立性……(5)自然争议原则必须有所体现……公平、公开的听证,无偏私……(7)法院应当是便利的。"拉兹给出的理由是法律应具有确定性(比如,"案件中适用的法律应先于法律判决而存在,所有只在法官正确适用法律的情况下,诉讼当事人才会受到法律的指引"),至少他提及了对程序和制度因素的考量。

在许多其他关于法治的讨论中,程序的维度很轻易地就被忽视了(或者会被不假思索地认定为包含在形式维度的"程序性"之中)。但我不是说法官和法院本身被忽视了。最终"法律的内在规则"被应用于这个议题,引发了关于司法权威和司法判决的广泛讨论。其中一部分是关于法官在疑难案件中的公正裁决(与司法上的实践理念一起),还有一部分是关于在这些疑难案件中,法官对法律的解释技巧。但是,如果一个人不深入思考,他可能会从这些讨论中得出这样一个结论:问题只会交给那些睿智的、被称为法官的人决断(无论是否有法源),然后法官们运用他们的解释技巧和实践经验解决问题。这些探讨并没有涉及高度程序化的听证,而案件正是在这种听证会

12 上诉诸法庭的,更不必说在听证过程中,当事人程序层面的权利和权力的多种关键变化。当然了,也并没有人说这些程序本身和基于程序产生的权利和权力是我们所说的"法治"的一部分。

四、程序与法律的概念

我曾对一种有趣的现象作过评价,即我们的主流法治理论未曾考量过程序(而非形式)问题,而我们大部分法哲学家也未能使法律的概念包括程序性和制度性要素。

在我看来,如果一个系统中没有法院或类似机构在运行,那么我们就不应称之为法律系统。所谓法院,指的是一些机构,它们以全社会名义建立,为个人案件提供规范和指引,并解决因规范适用问题而产生的纠纷。这些机构要通过审判的方式和正式的判决结果来达成上述目标,其中的判决结果须严格按照程序做出,以确保有一个无偏私的主体可以通过双方的抗辩和证据,公平有效地判定特定当事人的权利和义务。

在现代实证主义法理学者的字典里,法律中关于法院的规定是少之又少的,以哈特的权威著作——《法律的概念》(*The Concept of Law*)为代表。哈特将法律看成是关于行为的初级规则和可以决定初级规则的制定、变更、应用和执行的次级规则的结合。他认为,类似法院的存在是十分重要的。当他介绍次级规则的概念时,他提到了前法律社会向法律社会转变过程中的"审判规则":"次级规则在特殊情况下让人们可以制定权威决策,以此决定是否打破初级规则。"在这种功能实现时是没有特定程序的。[①] 一场没有任何听证的星室法庭的审判也可以满足哈特的定义;而我们称之为"袋鼠法庭"的审判更是个彻底的反例。

13

---

① 哈特承认,当然了,次级规则要为这些机构确定程序。但他似乎认为,这可能因社会而异,而且法律概念中的任何内容都不会限制该定义。

约瑟夫·拉兹也有类似观点。他认为,基于实践理性和法律规则的初级规则应用机构是最重要的。拉兹相信,规则的应用机构是我们了解法律系统的关键(比立法机构更关键)。拉兹还提出,当今时代有多种适用法律的方法,但"法律应用的初级机构"是特别的。他这样描述它们的运行机制:"它们是一些有权决定特定人的法律状况的机构,这些人需要它们通过应用现行法律规则来行使权力,但其实它们的决策可能是盲目甚至错误的。"他说:"法院、法庭和其他司法主体是重要的初级机构。"从抽象的哲学角度考量,他对法律应用的初级机构如何运作的理解仅限于结果层面(且仅指它们的结果做到了什么)。无独有偶,他又再一次没有提及运行的模式和程序。秘密军事委员会可能在缺乏当事人质询和听证的情况下"决定特定人的法律状况……通过应用现行规则"。拉兹得出这样一个结论,法律系统中的这些机构掌管着法律规则体系。当然,拉兹会批判这些机构。并如我们所见,他会运用法治的观点。但他似乎是认为这只与法治评估水平相关,无关乎法治概念。

我认为,哲学家所指的法律概念与日常使用中的法律概念存在重大差异。我相信,大多数人会认为听证、公正的程序和确保它们实施的保护措施是法治的核心,而非法律制度中的一个或然因素。对大多数人而言,它们的缺失会使法律的概念变得不适格,就如缺少了自由、公平的选举机制的民主制度。

法治程序层面的定义还有助于我们对生活中的法律进行概念上的思考。法哲学家们表现出一个令人担忧的趋势,他们很难将法律简单地看作一系列规范性命题,并对法律的概念进行更深层次的挖掘,以明确这些规范性命题是什么。法律是通过设置机构带入生活的。有一种对法律系统的理解是强调法庭上的抗辩与法律规则的解读同样重要,这为进一步研究当代政治观点下的法律条文与合法性的价值需求奠定了基础。

依我之见,我会将这两个概念放到一起——法律的概念和法治的概念。我认为法律的概念应以富勒勾勒的观点为框架,并内含合法性基本要素。但只有将程序要素和制度要素置于首位,这个观点才能成立。好在这并不是本文要完成的任务,我已经在另一篇文章中对这一点进行了分析。这并不是一个已经获得普遍认可的主张。约瑟夫·拉兹和其他人的理论无法让你了解什么是法治,除非你事先了解法律是什么,以及恶法的后果。我提到了这个更深层次的概念性辩题是为了表达,对程序要素缺乏适当强调可能存在普遍性缘由,并可能使我们无法看清这两种观点之间的联系。

五、程序与潜在的道德问题

15

富勒提出了法律的形式要素,如一般性、非溯及性、明确性、稳定性、一致性等。这些要素的满足是与法律技术息息相关的——实证主义者对他为何会将这一系列要素称为“道德”感到困惑。他之所以这样做,是因为他认为这八点要素具有内在的道德意义。不仅是指遵守它们使实质上的不公正更难出现——虽然他确是这样想的,更是指他认为遵守这些原则本身就是对人类尊严的尊重:

> 进行一项将人类行为置于规则之上的事……需要有一个负责任的代理人,能够理解和遵守规则……每一个背离法律内在道德原则的行为都是对代理人的尊严的践踏。以非公开法律或溯及既往的法律衡量他人的行为,或命令他人做一个不可能的行为……体现了你对他人自决权利的漠视。

我认为,富勒所说的形式要素与尊严之间的联系更应表述为程序与尊严之间的联系。

程序的精髓远不止于它的功能,即法律规则在个案上的适用。它在某种意义上讲是结构性的,包括马丁·夏皮罗(Martin Shapiro)

所指的三元结构:一方(当事人),与之相对立的另一方,以及凌驾于他们之上的,一个独立、无偏私、可进行权威裁决的公务人员。最重要的是,它是规范性的:法院的运作包括一系列规范——对抗辩或法律规则的适用即刻作出判断,向法官提交仲裁协议和证据(这些证据需要严格遵守提交规程)。证据提交形式可能发生变化,但这个机会不会被剥夺。证据一旦提交,就意味着它们会被核查,在法庭之上公开,并与另一方进行对质。每一方都有机会做出最终陈述,提交仲裁协议并回答对方提问。在此期间,双方在形式上都会受到尊重,最终他们会参加法庭审判(如富勒在《司法的限度与性质》中所说),这个法庭依据某种习惯规则处理提交的证据并对作出裁判的理由给予回复。

这些都是抽象特征。并且,当然了(如我所说),想对法院和世界上其他类似机构的多变性进行十分具体的描述也是不太可能的。但它们不仅是"裁判"的抽象概念。它们抓住了法律体系的核心精髓,即法律就是一种对人类进行管理的模式,要对人类给予充分尊重,就像他们是在根据规范为自己的行为和处境作出陈述。不像对待荒蒙的动物或是一堵冷冰冰的墙,对人类适用法律需要关注当事人的立场并尊重他们的人格。由此,它包含了一个重要的高级理念——法律规范适用于能够进行自我辩护的人,且他们的人格需要受到尊重。这些在实证主义者的观点中都没有体现。我认为,上述内容应当是我们所指的法律概念的核心。

六、对违法的理解

想想 2003 年至今,关塔那摩湾在押人员的境遇。当法学家们担心,那里的关押所就合法性而言,是一个"黑洞"时,他们所指的正是程序性权利的缺失。从法治的角度考量,在押人员需要的是在法庭作出宣判前有机会针对不利于自身的证据提出抗辩,选取代表律师,向法庭阐述涉及关押行为的具体情节，且这个法庭（如我所说）需要听取并对这些抗辩作出回应。这就是他们人身保护令的主要规定。毋庸置疑，这些程序的完整性在某种意义上依赖于法律规范的形式要素（无论是武装冲突的法律和习惯，或是其他反恐法），在他们的案例中，他们可以在听证中提出异议；毫无疑问，富勒、哈耶克和其他人所指的形式要素是很重要的，因为若规定关押事宜的法律是模糊、含混或秘而不宣的，想在听证时进行抗辩就会变得十分困难。即便如此，我们若不关注程序需求本身，也仍然会遗漏法治理念的一整个重要维度，可以说，这种程序上的需求对法治的形式完整性大有裨益。①

　　这些关注不仅仅出现在像关塔那摩湾这样的极端案例中。相关实践领域的律师已经处于关注法治与现代行政国家兼容性的最前沿。当 20 世纪初戴西提到英国"对法治尊崇的衰退"时，他想到的是施以刑罚、剥夺财产或生命的权力从法院向行政主体的转移，他考虑的正是这些主体不会和法院做出一样的行为——特别是像法官所感受到的那样——不会受到程序和其他"自然正义"的约束。当然，戴西在阐述确定性规则的存在时，提到了这一问题：

　　　　国家官员必须尽可能多地对管理公共事务作出承诺。但法院的天性决定了它不适合商业交易。法官的主要职责是严格按照法律规则行事。他首先必须避免对个人的不公正待遇。"宁可让十个犯罪分子脱身，也不能让一个无辜的人被定罪。"这句陈旧且常被误用的谚语提醒了我们，法官的首要职责不是惩罚犯罪，而是以公正为前提惩罚犯罪。无论公务员或是私营公司的雇员，业务人员的主要目标都应是有效完成相关业务。如果法官受到相关行为规范的束缚，他就无法做到这一点。

---

　　①　还有值得注意的是，规范和适用明确的拘留规则不仅让潜在被拘留者事先可以用来指导其行为——尽管恐怖分子最想知道（并指导他们的行动）他们被禁止做什么！对法治形式方面的要求往往只是为了达成法治的程序目标，这是被拘留者真正关心的问题。

我猜想,有人会将其纯粹解读为法官(与公共事务的管理者相反)受限于确定性规则——然后一切就会归于富勒的第八条一致性原则。然而,我认为,这再一次漏掉了一个方面。不能简单地说,一些官员一定会应用确定性规则,而另一些官员则不;而是说前者在一个高度程序化的系统中运行,这个系统中所有程序性的权利、义务都指向了对经过无数次争论而制定的公平、细致的确定性规则的应用。若我们忽略了法治这个方面,我们会认为戴西关于当今法治式微的观点很不可思议。

18　　　在国家建设方面,我们对法治角色的类似考量可能是真实的。像罗伯特·巴罗(Robert Barro)一样的理论家认为,保障法治在发展中国家的实施,比它在那些一心消除腐败和建立稳定法律秩序的民主国家的实施更重要。除非我们关注的是法律制度独特的程序性特征和它们的程序完整性,而非杜绝腐败、司法独立、正当程序与权力的分离,否则我们是无法理解这种观点的。

诚然,有时评论者提倡发展中国家的法治要先于民主,这里主要指的是法治的准实质性层面,如对财产的保护、合同的适当执行、对外来投资的保护和确保这一切的实行,这些内容应优先于社会正义、环境或劳动权益立法的民主实施。这有时是十分讽刺的。我在其他文章中已经强烈反对过这种因"华盛顿共识"而对法治的滥用了。

七、法律、抗辩与可预测性

在本篇开头,当我列出法治的程序性特征时,我提到了面对那些借政府之手而实施刑罚、诋毁名誉和造成其他重大损失时,当事人应有权针对提供的证据和众多与案件相关的法律规范做出法律抗辩。我相信,这点是至关重要的。但它同样在法治的程序要件,及与法律规范的确定性相关联的形式要件之间形成一种有趣的张力。

在那些我们熟悉的系统里，法律呈现出一种理性样态。在法律体系下的那些规范可以看作是一个个命令，但法官和律师试着将法律视为一个整体；他们试图识别出某种连贯性或系统性，将一些特定的项目整合进这个智能的体系中。并且，普通民众及其代表利用这种对系统性和完整性的渴望来准备他们自己的法律论证，通过发起案件的法庭听证来考量他们提出的要求如何纳入法律精神的一个连贯性概念中。这些论证更像是一种抗辩，而不仅仅是讨论法律应该如何制定。它们是法律是什么的原因。它们不可避免地具有争议性：一方会说这样一个命题是无法从法律本身推断出来的；另一方会回应，只要我们比以前更多地将法律归于其连贯性（或法律的要素的连贯性），就可以推演出以上观点。因此，关于这个命题是否有法律权威的问题，就会演变成一个经常性的争论。换句话说，法律成为一个具有争议的事项。

就这点而言，法律也有关乎尊严的内容：法律设想在它控制之下的人类是拥有理性和智慧的。他们是一些思想者，能够抓住法律运行方式的基本原理，并将其与他们自己复杂但明了的观点相连，这种连接是在他们的行为与目的和国家的行为与目的之间建立关系。再次声明，若一个国家的司法程序无法应对当事人加诸它们之上的复杂案件中的抗辩，那么，我不认为这是个法治社会。

但是，这一系列的法治理念，这种高贵的尊重，是有代价的——可能会令法律的确定性降低。在我看来，法治的程序层面需要公共机构发起和促进对人类事务的理性论辩。但论辩可能会令人不安，并且我们所珍视的程序常常会破坏所谓完美设想的形式层面的确定性和可预测性。通过让法治联合法律程序，而非联合从程序中衍生出来的确定性规则，法治的程序方面似乎诱发了异于所谓形式构想的其他价值。程序理念，尤其是由哈耶克这样的思想家所提出的理念，强调将明确性、确定性和可预见性这些让个人自由变得可能的因素作为治理要素。程序理念也引发了某种自由的概念，更像是一种积极自由:对公共事务管理的积极参与,主动并带着激辩的想法去参与的自由。并且,那种积极自由可能与哈耶克所指的自由中的个人自由存在某种紧张关系;它假定法律具有足够确定性,可以让人们预知自己的处境,并对法律对他们的规制事先有所防范。

这种张力也有可能体现在与法治相关的各种尊严之上。我们看到,富勒将形式标准与法律主体的尊严概念相关联,作为能够监控和自由掌控自己行为的代理人。在它对行为的指导上,法律把人们尊为代理人;法治有时会被视为这种尊重的条件。但可能有人会问,若法律本身就是有争议的,或已变成争论的不确定结果,我们如何维持这种尊严的模式呢?坚持要求论辩的机会也是对尊严的尊重。另一方面,我们还应记得,法律不仅包括确定性规则,还有一些标准,并且法律对自我实现可能性的信心也不一定要以它适用严格的确定性规则为前提。法律对尊严的信念存在于普通人的实践理性中,可能是思想之中的信仰之力——比如,什么是理性的,什么不是——而不仅是对一条规则的认识和机械应用的能力。并且,它可能是基于信仰的实际行动,而不仅是将普通的道德预测(如"理性")应用于他们的行为,也是对他们的行为进行思考和对一大批规范和先例的解释,而非对单一规范的机械应用。

因此,就法治而言,我们还不能对法律程序的内容弃之不顾。我相信,在法治理念中的这种张力通常是无法消除的,并且我们应该承认一个事实:法治对两个方面都有作用。我认为,法治理念的自我矛盾性中出现的这种张力,类似于法官在社会中的角色与法官在诉讼中的角色之间的矛盾。

不可否认的是,法治中最具有影响力的理念是法律的确定性、可预测性和可执行性。在这些理念中,管理人们的社会生活和商业行为的法律最重要的是其确定性和可预测性。也许,在当今社会,想不受法律约束是不可能的,但自由是有可能的。只要人们可以预知法律将如何运行,他们该如何行动,以及他们是否可以不触犯法律。对法律将如何运行的预判使人可以提前做出规划并根据需求设计变通方案。法律对个人财产权的保护为每位公民提供了一种确信,即在他处理与他人或国家相关的事务时可以仰仗什么。相应地,他们会强调规则而非标准、字面含义而非系统性推论、直接适用而非论辩过程、事前明晰的规则而非事后费力的解释。因此,官方适用的规则与向公民公布的规则不符时,或官方行为基于自身判断而非预先创设的法律规范时,法治理念就会遭到破坏。若上述情况是普遍的,不仅会让公众失望,更会让他们发现自己越来越无法建立信赖期望,并且他们可规划的领域范围和经济行为也会随之萎缩。因此,认为法治必须声讨由法律论辩性衍生的法律的不确定性,也就是自然而然的了。

　　然而,在法治的程序层面中的相反观点并不会轻易妥协。如尼尔·麦考密克(Neil MacCormick)曾指出,法律是一门辩论性的科学,而且也并没有一种关于法律是什么,什么将法律体系与其他治理体系剥离的分析理论能够忽视法律实践层面的意义和它扮演的特殊角色。其中,这个特殊角色指的是,在法律体系中,法律应尊重普通公民,将其视为智慧的个体。在我看来,当代实证主义的一个谬误是,它只重视法律的命令—控制层面,或规范—指引层面,而不提及一种关于法律体系设计、支持并使之制度化的论辩文化。对一系列独特的规范的制度化识别是一个重要特征。但同样重要的是,我们用确定的规范对法律做什么。我们不是仅仅服从于这些规范或将制裁付诸实践;我们会针对它们进行对抗式的讨论,运用智识去判断,在它们特许的一个来回争辩的过程中,什么是危险的,以及我们进行的关于它的含义的解释活动,以系统性地、忠实原文地通过先例应用它们。

　　当秉承着哈特传统观点的实证主义者关注到解释和论辩问题时,他们倾向于将其视为一个偶然和附带的缺陷。给人的印象是,在大多数情况下,使用承认规则对法律规范进行权威性鉴定就足够了;

22

一旦得到承认,法律规范就可以成为官方行动的直接指南。然而,语言偶尔也具有不明确性——由于词汇的开放式结构或者我们目标的不明确性,又或者出于其他原因,在词汇与适用事实的交界处可能存在不适配的情况——之后,很不幸地,我们除了继续辩论下去,别无他法。并且,实证主义者会补充道,结局经常是法院必须绕开戈尔迪之结(Gordian knot),并制定一条可以被理解、更容易适用,也不会附带任何争议的新规则。但这一观点从根本上低估了法律中的论辩(关于这个或那个条款是什么含义,或一系列先例的效果如何)。对我们而言,将一个不自我展现也不做常规规定的体系视为法律体系,总是令人难以信服。

因此,我并不认为,忽略了论辩的重要性的法律或法治的概念,并不能平等对待那些价值,即政府将普通公众尊为智慧的个体。对明确性和可预测性的需求通常是以个人自由的名义——是哈耶克所指的可以掌握自己命运的人的自由,他需要知道他自己在社会秩序上的立场。但是,即使是世间最善良的意愿和看上去最确定的法律,其周遭环境和交互作用也可以是险恶的。有时候,哈耶克所指的自由人会发现自己因违法被指责或被起诉了,或者他的事业将受一些恶性的规则规制,这在他看来是不公平的,也是缺乏依据的。这些案件中的一部分可能是事实清楚的,但另一部分会引起争议。一个认为自己的自由价值也是可以计算的人——这种可计算性应当是迎合了哈耶克思想中的法律之下的自由——不会是那种我们都想象得出的,顺从地接受指控或指责他的人。他会持有一种观点,并且他会找到一个机会去实现这种观点——当它是一个将规则适用于他的案件的问题。并且,当他提出观点时,我们可以想象原告或检察官会作出回应,这种回应的复杂性和倾向性与他自己的观点相符。这个过程开始于法律论证和法律程序为正式宣传这些论点所进行的讨论。法院、听证会和辩护——法律的这些因素并不是可随意选择的附加条款;它们是关于法律如何运行的不可或缺的部分,也是法律尊重人类尊严的标志。可以说,我们应当重视治理中某些为了个人自由而提升法律明确性和确定性的规则,而非一个自由而冷静的个体需要论辩的机会,要一分为二,要部分选取,法治依赖的是像尊重智慧的个体一样,尊重每个人的自由和尊严。

八、社会与政治决策制定的法律程序

亚力克西·德·托克维尔(Alexis de Tocqueville)曾做出过著名评论:"美国鲜少有最终未被归为司法问题的政治问题。"一个重视法治的——以强调正当程序和法庭上的辩论为特点的——程序主义者会认同这个观点吗? 在一个法治社会中,司法程序在解决社会和政治问题方面必然具有重要意义吗?

我认为,这基本是个没有根据的推断。可以说,一个被政府施以刑罚、玷污名誉和造成损失的人应当拥有一个机会,即抗辩这种强加之刑的机会。也可以说,具有高度程序性考量的法庭是一个解决大众共同关心的问题的绝佳地点。我们可以接受法治的程序性含义——正如我在第二部分清单的那十条所指出的,认同立法机关——而非法庭——才是解决此类事项的最佳场域。当然,在法庭之内发生的,关于一些特定案件的法律适用的争辩会影响随后法律机关对这些方法的实施。如前所述,这会影响法律的可预测性,并且,我们不应试图通过减少司法过程中的冲突来避免这种争辩。即使在一个法院权力没有凌驾于立法机构之上的社会中,这种影响也一定会产生。承认和接受这一点绝不等于认同立法的司法审查。

我的意思并不是说法治排除了立法的司法审查。我相信,作为一种政治典范,它在这个问题上是中立的。在一个拥有宪法性的《权利法案》和很强实践性的司法审查的社会中,法治需要我们接受法院在公共决策方面,起到比我在这里所描述的更大的作用。在这样一个社会中——特别是美国——根据法治的程序原则在法庭上做出的论辩会比在一个司法审查很薄弱甚至根本没有司法审查的社会中，对社会生活，或是社会的可预测性有更巨大的影响。同样，《权利法案》越强大，看上去它对法治结果的落实越会是实质性的——而非程序性或形式性的。我想，这是德沃金（Dworkin）在《原则问题》（*A Matter of Principle*）中对法治问题的立场。

25　　　有些人认为，除非立法机构与执法机构一样，其实施行为都受到严格的法律制约，否则法治就是不健全的。虽然我能够理解这种想法，却不敢苟同。甚至有些人说，法治与法制之间有重大区别，而且他们认为立法至上制度是对后者而非前者的应用。这种观点通常与对立法机关的贬低连在一起——就仿佛，最终，法治一定会有别于人治。这种观点也时常与对普通法的神话般的崇拜相联系，倒不一定会认为是法官刻意为之，而是被理解为法院一系列无偏私行为的结果。哈耶克在《自由宪章》（*The Constitution of Liberty*）中暗示了这是无稽之谈。他认为最真实的法治：

> 从未被刻意发明，而是在渐进的审判和后人已纠正的错误中发展的。因此，在大多数的例子中，没有人知道，也不可能知道导致规则被赋予特定形式的所有原因和考量因素。

　　与之相似地，认为立法机关需要受到法律的约束而不将其作为法律的终极来源的论断也经常关涉一种奇特的宪法神话。它将宪法框架或《权利法案》视为某种先验性事件——不同于（运用法律的）人治：也许，它应当有一种在像詹姆斯·麦迪逊（James Madison）和联邦党人这类伟人的行动中徘徊的前所未有的自发光辉。但我并不认为应当将法治与神话学相联系，或法治否认法律源于人类，而往往是由人类刻意制造出来的。即使是实证主义者（如前所述）对法治作出一种不适当的解释，法治最终也是一种实在法规则，是人类制度的理想状态，而不是某种让我们免于人类统治的魔法。

　　话虽如此，让我再补充两个条件。首先，即使在议会至上的制度下，立法机关也确是按规则和程序规则制定的方式行事的（我之所以提到这点，是因为有些时候，当人们提到法治的程序面，他们脑中所想的是法律创造的方式，而非我所强调的法律执行的方式）。立法机关是以它们自己的方式高度程序化的机构，人们依赖于它们环环相扣并最终指向结果的程序，并且公民们能够期待着加入并影响这个过程。毫无疑问，法治的反对派，如卡尔·施密特（Carl Schmitt）试图全面贬低议会民主制的规则至上特性。

其次，法治不仅应用于国内政策，更是越来越多地在国际上应用。法治作为一种国际法律理想，一直以来都在建立它的理论体系，并且，恐怕已经做的大部分工作都是不加鉴别地继承一些国家级别的，包含确定性、明晰性和可预测性的理论。我相信关于这个问题还应进一步探讨。我已经尝试着在一些作品中有所涉猎，并且会继续研究下去。目前，这样已经足够：我们要严肃对待国际法，它将会成为国家立法机关的实例，像其他国际机构一样，认为它们本身及其行为受到法律限制（无论它们是否有本国的《权利法案》）。限制的内容将会由多边条约（包括人权公约）、国际惯例和多种强制规范共同决定。这种限制无疑是确定的、正式的和程序性的（若不是实质性的），通过法治理念，适应国际环境。因此，形势是紧迫的——多少说明了这些日子，法哲学家们将要忽视它了——要考量这项理念对国际环境的适应都涉及什么。

第二篇　程序的约束

罗宾·韦斯特

据我理解，杰里米·沃尔德伦认为："法治"不仅要求管辖我们的各项法律由可获知、可遵守的一般性规则组成——法治的所谓形式要件通常与朗·富勒提到的声名狼藉的雷克斯国王和他八种失败的造法途径相联系——还要以承认我们的智力，尊重我们的尊严，进行审查或施加刑罚时平等对待每一个个体的方式适用法律。沃尔德伦将后面这些理念视为法治的"程序"要素，并强调不能将其简化为富勒的八要素，甚至它们有时会与八要素相冲突。因此，他将法治的"形式"要件与"程序"要件区分开来。富勒的法治的形式要件，要求无论其内容如何，法律必须具备特定形式；而沃尔德伦的法治程序要件，要求无论它们是否是形式上的良法，都必须以程序正义的方式实现。根据这种对法治的理解，除非国家以尊重我们尊严的公平方式适用具有下述后果的法律，否则不会使我们任何人面临遭受强加的刑罚、义务、责难或污名的风险。那么这种公平以什么为要件呢？至少，如果我们成为国家的打击目标，我们就有机会巧妙地参与到向我们亮剑的法律系统之中。我们的程序规则的解释和适用都应基于这个目的。因此，法治的程序性要求是，比如，我们可以获得一个公正的审判，并保证审判时可获得一位律师的协助；我们可以通过正当程序从己方角度陈述案情；并且以上做法可以依据证据规则做出，这种规则要确保关联证据由国家保存，以确保不利于我们的宣判或裁定是合法的，避免国家不受约束地做出一些无端中伤。

一般来说，程序性法治将人们视为法律帝国的智慧参与者，即使国家会以法律之剑惩戒、羞辱和处罚人们。与朗·富勒的观点具有广泛联系的形式要件保护了我们对法律的确定性和可预测性的期待，从而将我们的自由最大化。从某种程度上讲，这也将我们的尊严最大化了，如尊重我们决定遵守法律的能动性。只有在我们被要求遵守的法律或多或少地与富勒的八项形式要素一致时，上述选择才是有效的。然而，沃尔德伦认为，它对于法治这样一种制度而言是不充分的。这种制度也必须是程序正义的。再次强调，它们不是一回事，也并非源于同样的核心价值。与其说程序法治尊重的是我们的自由或我们选择去遵从或与法律对抗的能动性，不如说其尊重的是我们的智识和个人主张：正当程序应使我们有机会作为一个享有平等权利、拥有智慧的公民参与一直将其意志强加给我们的法律系统，并且这种方式使我们能够针对适用规则以及触发法律事件的故事阐述己方观点。最终，此二者都与对法治的实质性解读有所不同，法哲学家和政治学家认为我们需要一个保护财产权利与合同权利的国家，并积极寻求用这种理解影响对法治感兴趣的新兴民主国家。与这种实质和形式的解读相对应，沃尔德伦将他的程序性解读作为必要补充。这就是我所理解的他的论证。

若是坚决反对这种人道主义建议，即将我们意指的法治扩展到程序层面，特别是考虑到当代国内、国际和政治现实，那将是非常愚蠢的。在各级刑事法庭，我们实际上遭受着程序正义的缺失，从关塔那摩湾的军事委员会，到巴尔的摩的州地方法院，再到世界上诸如此类的地方。并且，不断发展的法治研究——这种研究在那些试图模仿我们法治系统的国家中颇具影响力——几乎完全将法治与经济生活中的确定性和可预测性联系起来，这对于有财产的人来说是如此

34

有益：一种有限且普遍倒退的条文主义概念保护了以市场为基础的自由，但再无其他。用以人为中心、而非以财产为中心的理念去补充以财产为中心的法治意识形态无伤大雅。虽然这在全球问题清单上不值一提，但我们也正在面临一个非常低迷的国内法学学科环境。我们的毕业生需要面对很糟的就业市场带来的经济压力。我们有充分理由相信，一些宪法学者型律师曾经抱有的最高法院将运用权力将我们推向一个更加公正社会的信念日渐萎缩，甚至有完全丧失的倾向；同时，他们对审判过程的公正性也丧失了信心——而对于学界的许多人而言，这为法律本身、学术研究以及他们自己的参与提供了存在的理由。由于缺乏共同的法律道德意识或可消除萎靡的目标指向，一种日渐强烈的、折磨着学院师生的不安感也显现出来。伦理学教授与宪法律师对乔治·沃克·布什政府对法律形式要素的使用感到绝望——诸如"法律备忘录""司法部门""法律顾问办公室"等，他们运用这些手段去推动威力无穷的利维坦巨兽实现非法目的，而奥巴马政府又未对此采取任何行动。停止"纯粹"规范性的、"拥护性的""教义性的"学术研究的呼声越来越高，也因此引发了对已存在近一个世纪的传统法律学术的质疑——因为这些因素，法学院的师生发现他们自己陷入了一场巨大的认同危机，而这一危机源于一种认知：它所服务的学院和法律职业都已堕落了，它们都缺乏道德因素。简单地说，这也许是个并不划算的职业。我们要培养学生，而这也不再有趣了；或者，它实际上是否还是有益的、曾经有益的、确实有益的；又或者真的只是像批评者长久以来所说的那样，它只是日渐疯狂和错乱的专制野兽的合法面具。在这样的环境下，一点法治理想主义——无论是形式的、程序的，还是实质的——都不会是破坏性的，而是有益的。它可能有助于为我们在国外的恐怖战争和国内的毒品战争的囚犯提供强有力的程序保护；它可能有助于我们缓和或至少补充法治解释，这些解释的获益集中于个人尊严和智慧；它可能有助于我们在当代法学院重新获得法律意识的高贵目的。它会帮助境外恐怖主义战争和境内毒品战争相关的在押人员案件受到强有力的程序性保护；它会缓和或至少是补充以利益为中心、以个人为尊严和以智慧为中心的对法治的解释；它会帮助我们在当代法学院重获法律意识的高贵目标。那一切都是极好的。我对这个计划的基本初衷并无微词。

然而，我确有一些异议，其中的四点我会快速带过。并且，我希望它们会强化上述计划。所有这一切都包含在友好修正案的性质中了。我的第五点，也是主要的评论——其实也并不算是异议——指向法治学术研究的三种模式特征，它们已被沃尔德伦进行了有效识别和界定：形式的、程序的和实质的。这三者借助于一个剽悍的、沉迷于自身政治意志的国家，将法治与一种法学家的冲动等同，而这种冲动可能被用于混淆或反驳对权力的有害滥用。我想提醒大家的是，在个人与国家关系的斡旋中，这并不是，也不应该是我们对法律的期望的详尽解释。这三者都忽略了法律表达的是国家想要保护弱势群体的意愿，他们遭受的侵害并非来自国家，而是来自强势的私人主体——雇主、领主、工会领袖、个人犯罪帮派、压倒性的教会权威、有虐待行为的父母和配偶、权力过剩的私人社团等。如果建立法治学说是为了捕捉我们的法律思想，那么上述观点也应当被囊括其中，但事实是，在法治的论述中，它们几乎都被不约而同地忽略了。并且，在此处也并未得到解决。因此我会迫切地希望，在这些评论的最后，我们能够解决。

让我以反对意见开头吧。第一个问题是，我不太认同沃尔德伦所说的没有文献阐述这里提出的法治程序概念。耶鲁大学的欧文·费斯（Owen Fiss）在其卓有成效的职业生涯中，大部分时间都致力于这一方面的研究。他与朱迪斯·雷斯尼克（Judith Resnick）合著的、广受好评的《民事诉讼程序案例集》共用 2000 余页案例阐述正当程序的道德价值，它在法治中的核心地位，以及沃尔德伦在此处认为

36

的,程序所扮演角色的深远目的——表达对每位个人参与者的尊重,将他或她视为拥有值得被关注和被倾听的见解的智慧个体。费斯进一步表示,这是一种广泛囊括文献的对法治的理解,强调运用非诉讼解决机制(ADR)裁判的道德优势。费斯认为,与 ADR 相比,传统裁判方式的优点是它具备了正义的必要因素,即法律必须通过程序的设定让诉讼当事人有充分参与感,有一个表达观点和想法的机会,设计一整套程序并通过程序规则保护表达和参与的权利。事实上,对费斯而言,这些程序性优势是如此重要——审判的程序性提供的参与机会如此丰富和深刻——它们显然解决了公民不服从问题,甚至消除了法律的外部道德批判。费斯已表达过他最极端的立场了,事实上,并没有人在法律的语境下或在法庭上提出这种观点。因此,认为法律只能从外部、而非系统内部进行改革的言论站不住脚。此外,费斯还认为,这些程序价值在应然与实然间架起一座需长期探索的桥梁,并因此削弱了法律实证主义;所以,只要存在法律授权,这个系统就具有实实在在的、而非仅是道德上的权威。它是法律系统功能的道德权威的渊源。这是沃尔德伦想让我们在这里认识到的,程序主义的极端版本。并且,即使夸大其词,费斯主义的法理学也是沃尔德伦声称法律学者在思考法律的基本价值时忽略了程序正义的重要性的反例。

37　　　但是,不仅沃尔德伦忽视了耶鲁大学的程序主义者,我们也在某种程度上在对法治的思考中忽略了程序价值。由沃伦法院引领,一整代宪法律师和思想家,与众多法律学者一起,经历了 20 世纪 60 年代至 70 年代的被称为正当程序的变革,而它本身得到了一种近乎宗教信仰的助力——至少是一种具有传奇色彩的渲染——即对正当程序的净化力量。简言之,这场变革的前提是完全理解沃尔德伦阐述的法治:我们在那几十年间学到的,正义、第十四修正案以及正当程序条款,对将污名、伤害、责任或刑罚加诸于人的法律体系,都需要智慧个体的参与。正当程序的变革是现实而非梦想——这正是吉迪恩的号角所宣告的权利——并且，虽然很容易错认为它是糟糕地给穷人提供很多程序性和很少实质性的权利——但又无法享受它们中的任何一种；所有对法律系统陈述不满之处的人，都并不希望去纠正这些引起了不满的非正义——仍然完全信赖沃尔德伦呼吁的这些价值，甚至是美好图景：我们有一种认知，在政府的阴谋中，作为智慧的参与者，我们需要被尊重，特别是当这些阴谋以侮辱、伤害、损失、责任或刑罚对我们产生威胁的时候。那场改革奏效了。比如，虽然我们不享有特定的社会福利，但我们有非经正当审判生活福利不被削减或剥夺的权利。我们或许不享有一些社会保障，但我们有一次决定我们获得或失去哪些福利的听证的（有限）权利。我们也许对众多政府事务不享有权利，但我们有在被解雇前获取听证的权利，以及最著名的，当然也是依据吉迪恩诉温赖特案（Gideon v. Wainwright）改编而成的安东尼·刘易斯（Anthony Lewis）的畅销书——《吉迪恩的号角：一个穷困潦倒的囚徒是如何改变美国法律的？》。长期以来，每位法学院的学生都会在"定向周"回顾该案那段历史。它的结论是，在因违反州刑法而受到惩罚之前，我们有权聘请一位律师。在多个案件中，最高法院在这项正当程序运动的鼎盛期提出，虽然我们无权获得一些特殊福利，但我们有权阻止剥夺我们听证机会的行为。事实上，这是程序的革命。至少像布朗诉教育局案（Brown v. Board）或罗伊诉韦德案（Roe v. Wade）那样，它推动了整整一代人对裁决法的恢复能力以及对裁决宪制主义所赋予的渐进资源的不成比例分配的过分信任——这种宪法的裁判是沃尔德伦在其他文献中提到过的发展的悲哀。但我的观点仅仅是描述性的。沃尔德伦呼吁法学教授关心法治的程序价值而非形式价值或实质价值，有点像在 7 月 4 日举起旗帜，劝诫聚集的人群去关注被忽视的爱国主义价值观（并非全然，但基本如此：专业的哲学文献忽略了法治这一维度。并且，当然了，这种文献成为沃尔德伦的靶子），至少某一代法律学者没有关注。

38

我想强调的第二个问题,反映的是众所周知的一种比较性:在实证主义法学作品中的,书本上的法与街头之法的差异。沃尔德伦的作品是对我们的法律理念的一种贡献——对我们应倡导的价值和我们应加入法律系统的价值的探究。就其本身而论,这些法律理念被两次从街头之法中剔除:它们是一些我们应保留的理念——不一定是我们实际保留的那些,更别说是在法律生活中付诸实践的那些。然而,它们也不是与现存理念毫无关联,至少在少年法庭的法官和国家公诉人的实践中有一丝模糊的回应。我们的法律理念至少一定要源于实践。法治文献尤其应试图阐释那些某种程度上已经被不太完美地融入法律实践中的价值和那些应然价值。同样,沃尔德伦描述的理念绝非与我们保留的理念无关或与我们的实践无关。因此,正如一些学术研究的案例,它们探索了部分源于实践而后力图清楚地阐述自身,以批判和引导实践的价值,而沃尔德伦的观点冒险地粉饰了我们现今的实践。若接受他的观点,即我们的法治学术研究方式缺乏他所建议的方式,没有反映实践中的理念,则我们可能会很容易接受这一观点:我们在实践中对这些程序价值的尊重远超我们的实际所为。毕竟,我们需要去修正以应和沃尔德伦的,是描述我们实践的法治学术研究,而非实践本身。然后,我们冒着掩耳盗铃的风险不去理会我们已与这些理念相去多远,甚至根本未对其展开论述。若接受这些理念是我们要保留的,那么我们又会冒着成为伪善者的风险——我们并没有做到如我们应该做的,即使这些应该做的也是部分我们声称要去做的。实际上,那种虚伪的程度,特别是带着对这个国家的刑事司法体系被吹捧的程序正义理念的尊重,近乎荒谬。

在我们的学术研究与流行文化中,如电视节目,我们表达对沃尔德伦支持的程序性美德的欣赏,我们坚信这个国家的每个刑事被告都有权获得律师,有权获得法庭审判,有权获得一个来自他同类群体的陪审团。被告还享有无罪推定的权利,这是一项对证据极为有利的限制。这样一整套制度的建立,如我们所说对被告有利的程序和证据规则，是真正令我们引以为傲的，至少在这个国家，我们宁可冒着释放一百名罪犯的风险，也不能错判一名无辜者。

　　沃尔德伦想进一步阐释，这些价值都是核心的，它们一定会出现在法治治理体系中。并且很显然我们是法治社会，我们常常使用"法治"这个词来描述我们系统的优点。然而，若我们拥有一个法治社会且法治保护了诸多价值，那么为何监狱还会人满为患？你可能会认为我们会有许多在街头游荡的罪犯和相对空荡的监狱。然而，我们这个过度监禁的国家面临着巨大的危机。一定是哪里出现了重大疏漏。超过 70％ 的联邦监狱的因犯没有受到过审判。他们也许曾有权利获得一场审判，有大众陪审团，有无罪推定，有对他们有利的证据限制，但在这个过程中一定是缺失了什么：大多数被告从未见过陪审团。当然，这意味着，监狱中那些真实存在的因犯最多有机会在律师提出辩诉交易之前，在短暂的 15 分钟会见时间里陈述自己观点。我们应当十分清楚，我们所宣扬的程序的必要性理念要求在施以监禁等刑罚前的当事人的能动参与。在这个国家里，我们没有使那些被逮捕和监禁的人，有机会参与到导致他们被逮捕、定罪和监禁的过程中。现在我们有了大量过度监禁和过高刑罚的问题，特别是对非暴力犯罪而言，那都是我们需要转变的——我们要为遭受监禁威胁的每名被告人提供一次审讯和参与的机会——否则整个刑事司法系统会崩溃。在所谓的最后阶段，我们也看到了类似的情况。上至公诉人、立法者，下至街头人员，对上诉和人身保护申请的限制以及国家行为不断扩大的免责范围，限制了在公平程序的法院中对执法的合宪性进行自主审查的机会。我们要小心，不要确立这种主张，即当我们的实践有如此缺陷时，实践中的法治还如此依赖程序价值，除非我们乐于承认我们自己的法律体系不符合法治。我认为，法治需要有程序上的细节，却忽视这些缺陷，这是一种尴尬，是一种完全可以避免的尴尬。

40

　　第三个问题,我们应当承认,在大声支持程序主义之前,那些弥足珍贵的程序在奇特的、实在是毫无退路的实体法面前,即使有全世界所有的正当程序,也可以造成对尊严的严重侵犯。如此这般,即"赢家输了"——引自近期一份极其深刻地记录了这一现象的文献。首先,即使是最公正的程序,也可能是不得要领的。据关塔那摩湾一位被关押者的律师说,被关押者并不关注是否可以会见律师:会见律师只会带来麻烦,并且甚至他们的(实质性的)程序胜利常常形同虚设。被关押者知道他们不会得到释放,无论受欢迎的、公正司法的花言巧语承诺给他们多少权利。或者,更普遍的是,一位诉讼当事人应当接受最大限度的程序公正,但潜在的法律可能是极度不公正的,甚至让公正的程序沦为笑柄,甚至更糟! 或许应当担忧的是,良好程序为正义带来的收益不一定大于合法的不公正的制度或法律所产生的消耗。美国南北战争前,在遵守正当程序的法庭公开听证会上,由南方奴隶州的法庭来判定,适用他们的奴隶法和不考虑他们面前的答辩人的子女、丈夫或妻子,以及他们的当事人是否有足够的黑人血统。在这些法律之下,并且毫无疑问出于正当程序的部分原因,有一些人被认定不是奴隶,并赢得了某种程度上的自由。但是,我们如何衡量这些正当程序的价值呢? 法国维希政府的法庭,正如理查德·维斯伯格(Richard Weisberg)指出的,使用精密而正确的程序来决定在维希政权的"种族法"下,一个诉讼当事人是否有一位有足够相近血统的犹太人祖先,以满足剥夺其正常生活或生命的条件。我们要为他们忠于程序正义原则而喝彩吗? 据拉伊夫(Raif Zeik)所述,20 世纪 50 年代的以色列法院在裁决少数巴勒斯坦人是否在"自由周"期间——当巴勒斯坦人在法律上享有返回某个特定城镇的权利时,在司法裁决之间的一周时间——返回他们的终身家园时,或者,裁决他们是否在自由周开始之前、自由周之后决定如何(是否)使用驱逐规则之前的某个时段里,最大限度地尊重了程序正义。正如法院在一个类似案件中所说,"有一种驱逐这些人的方法",这种方法符合程序正义。对于相对轻微和非暴力的违法行为而被判无期徒刑的被告人,可能会发现他们被定罪的程序性规则非常宽悯——但他们会发现这种宽悯具有强大的迷惑性,或者更糟。如格兰特·吉尔摩(Grant Gilmore)的评论,那真的将是完美的程序正义。[①]

　　现在,似乎很真实的是,从数据层面或细节层面上看,在这些正义程序下适用非正义法律一定会比在非正义程序下适用同样的法律少一些不公正。当然,若以非正当程序作出不公正处罚,情况则变得更加糟糕。一开始的情况可能具有误导性。审判的程序正义,其公正性,外观的合理性,虚饰的文明,经过调整的表达,刻意歪曲的证据规则,表面的平等和对参与者的公平态度,都导向一种合法性和整个过程的终局性。程序正义本身传达了一种平等性和抵抗的无用性。在一个不公正的体制里——维希政权的种族法、南非的种族隔离制、美国南部的奴隶法、加利福尼亚的惯犯法——特有的公平和沃尔德伦赞成的合理性也在某种程度上屏蔽了观察者眼中潜在法律的不公正,同时强调对受害者强制执行的法律暴力行为。我们可以这样对待你——并且,我们甚至可以公平地对待你,以一种人人都会赞同的方式,即公正的方式。程序公正对于一个健全的法律系统而言,既是奢侈品又是前提条件——它证明和实现了一个系统可以是无可指摘的,因为它是完备的。毕竟,一个公正的系统不应被质疑,一个足够强大的系统冒险凌驾于国家之上(这是公平带来的难以规避的副产品),则更有可能成为一个不会受到挑战的系统,至少不会始于内部——毕竟,有的被告不会拥有一位血缘亲近的犹太亲戚,有的巴勒斯坦人将被授予返回驻地的权利,有的南非黑人将会有他们整套通行规则,若这些程序规则是真正公平的。程序正义,换个角度讲,会削弱士气。毕竟,你经过了庭审,那么还抱怨什么呢? 程序正义通过

---

　　① "天堂里没有律法,狮子会与羔羊同眠……地狱里遍布法律,并且正当程序会被审慎地考察。"选自格兰特·吉尔摩《美国法律时代》。

将体系合法化来加强制度,在一个不公正的制度中更是如此。如果这种影响——合法化的影响——是实质性的,那么在一个不公正的政权中审判的程序正义可能会反过来增加社会的整体不公正性,使它面对变化时更加坚不可摧,无论通过政策、改革或阴谋。一个遵从法治的法律系统,其中法治又是通过设定程序性标准来定义的,不一定就是更加公正的。如果不是,那么除了能为现代主义作家提供写作素材外,还不清楚程序的价值在哪里。

43

第四个问题是,出于一直被 ADR 运动援引、因边沁猛烈抨击而获关注的一系列其他原因,正义有时可能会被消减,而非受到程序的加持。比如,当程序过于机械时;当施行成本超过其价值时——至少对个人如此;当程序的履行需要熟手时;当程序加强了律师和法官的垄断权力时。程序会掩盖进而扩大——而非限制——法官和律师对人们生活的影响。今天,值得注意的是,当所有的程序正义延伸至组织层面——由最高法院对"人们"提供补偿——它加强了公司权能。这些就是要慎重对待程序进步的原因。20 世纪初的第一次程序革命——联邦民事诉讼规则的创造,审前查问的发明,以书面质询、宣誓作证等为代表的革命——可能部分是受到欲望的驱动,为审判过程提供透明度或类似于多萝西·塞耶斯①之谜,而非被对事实真理的渴望所驱动。但正当程序已经变成了一个非常不同的东西,它已成为一种手段,让有钱的公司诉讼当事人和他们的律师可以通过大量价值不菲的提案战胜个人原告。旨在保护陷入困境的个人被告与其刑事法院律师之间的通信的特权和豁免权,成为企业违法获得由国家和公共管制提供的更多豁免权的手段。这些例子并不是孤立的,它们反映了一个系统性问题。程序意欲保护被围困的和相对弱势的、受到全能国家威胁的自然人。一旦程序被推广,就会成为最强大

---

① 多萝西·L. 塞耶斯(Dorothy L. Sayers,1893—1957),英国著名侦探小说家、戏剧家、神学理论家兼翻译家。

的对法人主体的保护，以阻碍正确寻求国家保护的个人或试图限制公司权利的国家公诉人。沃尔德伦对程序法治的颂扬并没有提及这些内容。这个故事不是一个凶猛强大的国家通过刑罚、责难及其他实现它的意志，对抗一个深陷困境的、寻求法治保护的自然人。然而，诉讼当事人和被告人或多或少也可以变得强大，就如国家之所能，就如那些代表某些人利益的国家之所能。

最后，沃尔德伦的程序的法治，类似于富勒的形式法治和自由主义者的实质法治，假定个人和国家之间有一种关系，并且这种不完备的关系有一种隐喻的叙事性。在实质、形式和程序这三个层面上，法治显然是一件非常棒的事情。它是法律的人道主义面孔，寻求对个人的保护来对抗由一个具有潜在危险性和权力过度伸张的国家做出的行为。若我们将这三点放在一起，法治将尊重个人智慧、主张、尊严、自由和代理行为，对企业和公司也是一样。相反国家和国家行为充满了邪恶而不受约束的权力、愚昧和暴力。毕竟，在法治施以尊重、释放、援助的同时，国家在惩罚、施刑、使人承担责任和责难、使人蒙上污名，或使人遭受损失。在这种情况下，遭到损害的个人拥有尊严和自由的法益，而这类法益正是先前因国家的刑罚而受到侵害，而后又受到法律保护的。在这种情况下，国家充其量只是一种必要之恶，但最糟糕的是，若无法律约束，则这是一场无情的噩梦。国家远比个人更强大，并且，它有施以损害、污名、惩罚和负担的权力。法治在这三个层面都是善的存在，因为它能够通过适当程序限制这种不受约束的权力——以沃尔德伦的观点，通过适当的程序，要求国家保护个人智慧；以富勒的观点，通过形式规则国家保护个体自由；从自由主义的实质性层面，通过国家保护个人特别项目和投资的财产与合同规则。一个不受约束的国家，即一个运作良好的民主国家中不智的公众力量，是法治应当面对的问题：政治国家做出行为，法治通过要求国家让个人能动地参与为控制个人的行为而设定的程序之中，保障公民个体、公民的尊严与智识。在这种情况之下，个人完全有理由惧怕国家。自然人也同样有充分的理由欢迎法律的介入，以从国家的权力威压下保全自身。

这个情况也有我们熟悉的问题。它夸大了法院、法律的合理性和善意的可能性，如几十年前批判法律研究运动时所说；并且，它低估了立法机构对公众意识合理审议的能力，如杰里米·沃尔德伦近几年提出的。然而，这种对法治的理解有更深的局限：它假设由法律作为解决方案的权力问题是被围困的个人与一个压倒一切的集权国家的问题。但这并不是唯一的可以或应当把法律作为解决方法的权力问题。相反，我认为法治是典型的、私权力问题的解决方案。如果没有一个垄断了武力的国家，任何个人都容易受到其他人的私人暴力威胁，正如霍布斯目睹的那样，而且在这个国家，公众对枪支的控制越来越少，我们也越来越多地见证了这一点。如果没有一个在某种程度上对多舛的命运和跨代家庭的忠诚度进行规制的国家，个人对异常强大的经济力量而言是脆弱的，无论这种权力本身是否来自遗传、社会历史或继承的作用。如果没有一个国家通过其法律抵制和惩罚欺诈、恶意、胁迫、疏忽、违约、违反信托义务等，个人就会在这种倾向下受到不是来自国家而是来自私人的损害，遭受侮辱、伤害和惩罚等。值得注意的是，这种干预私人权利过度行使的法律权力具有基本的进步功能。

但在大部分的法治研究中，包括杰里米·沃尔德伦的最新干预，都没有关于法律的这项功能或法律理念的表述。这是我认为十分奇特的一点。毕竟这是我们所说的法治，以及许多法律是关于保护个人以抵御他人或企业的不当侵犯，不仅是通过刑法，也同样可以通过许多私法。这个目的，换句话讲，正是法律的核心观点。但这种对法律观点的理解在当代法治研究中很少见到。相反，被视为"法治"一词中所采用的"法"的那种法律，并非寻常的刑法、侵权法，或其他明确服务于类似功能的法律。相反，它是一个更高位的法——对某些人来说是宪法，对其他人来说是程序性法律，又或许是一部关于客观规律的法，一部万法之法——作为一种约束，从修辞学上讲，作用于国家和恶的国家行为者，这和作为国家行为的低位法（刑法、合同法、侵权法等）一样。显然，那种低位法不是由我们所具有的不完全理念或法治研究所引导，而是来自政治的突发奇想。限制国家和普通法的较高法律体现了法治学术所表达的理想。

这种划分的结果是，我们许多法律理念和实践被置于程序、形式和实质理念之外了。首先，最引人注目的就是原告被排除在外了。沃尔德伦的程序的法治保护了刑事和民事被告——他们发现自己陷入违背其意愿和诱供之中的法律程序——对抗国家的制裁、惩罚、强加的义务等。它并不保护原告，那些想遵循法律程序和获得法律保护的人迫切地祈求国家权力来保护自身以对抗私力行为者，即所谓的被告的违反合同、侵权、杀人的行为，而且有时候，国家倾向于通过有选择地故意不对这些私人行为者采取法律行动来参与共谋。结果，沃尔德伦的程序法治并没有帮助法庭中的原告对抗各种拥有豁免权的行为人——例如，检察官、警察、神职人员、配偶、父母或慈善团体——他们免于承担责任，或旨在保护各种"特权"的证据规则，这些特权极大地限制了被告责任。沃尔德伦的程序法治并不保护所谓的原告免受各种限制性原则的约束，以对抗多种限制学说，如强制收购，或限制整个类别的损害赔偿，如对疼痛和痛苦的赔偿，这使得法庭上的公共审判无法囊括多种伤害。相反，程序法治似乎预设了一系列私法和刑法，要么完全保护或过度保护受害者，要么原告要对抗个人错误行为，并且以一种暴虐不公的方式运行这些制度来对抗四面受敌的被告人。在这种情况下，原告与国家——或者说是与私人律师团体一样，成为需要通过理想化的程序法治来约束国家机器的这样一个群体。

更为根本的是沃尔德伦的理想化法治——同他批评的理想法律规则一样，并未提及甚至暗示法律的保护功能。法律有多种效用，而其核心功能之一是保护个人免受损害——并非依靠不自量力的国家

47

官员,而是依靠坚持不懈努力的个人、公司或企业。如沃尔德伦所说,法律会羞辱、惩罚、追责等。不过,法律也会惩罚个人的私人错误,并至少在很大程度上保护我们免受私人暴力侵害。有时,法律可以很好地完成任务,有时,它只能零星地保护一些权利,或根本无法保护。在我看来,一个宣称要以法治理念规制行为的社会——即反对纯粹的强势统治、虚伪统治、金钱统治,更恶意的、操纵性的、欺骗性的、暴力的统治,似乎应当需要通过法律来做到这些。那么,人们认为,法治的学术研究应当对这些理念有所体现。

但事实并非如此,这也值得我们问一下:为什么呢?"法治"显然是一个隐喻——它试图包含那些我们抱有的以及在实际的法律体系中应当抱有的理念。据推测,一个理想的法律系统会将私人错误行为视为法律应当规制的权力问题。然而,法治研究通常不会如此。存在这种忽视的原因之一就是法律学者普遍有一种关于国家和法律隐喻起点的二阶背景陈述。普通个体首先创造了一个对暴力有垄断权力的国家来保护他们免受彼此侵害。国家为了达到这个目的而创造了刑法、侵权法和其他法律。这是第一步。然而,强大的国家变得充满危险性时,也应当受到约束。因此,我们又创造了更高阶的法——程序法、宪法等——以保护我们自身,并对抗国家。这是第二步。"法治"继而成为那些更高的法律规范所应秉承理念的隐性指引。那么,国家的工作是通过一般法控制私人行为和私人权力滥用。与之相对,法治的工作是限制国家不要过度执行旨在限制个人的一般法律。国家通过一般法约束个人,通过法治理念约束国家。一些其他因素——也许是民主责任制,也许只是道德良知——促成那些旨在限制私人行为的法律的颁布,包括它们在不受国家干预的情况下被创设。

然而,这个隐喻本身及其表述与国家、法律、高位法、宪法或程序法创设并无实际关联。若我们废弃这种隐喻和表述,而只是单纯地考量我们的法律系统应当努力达到什么样的理想,我相信,我们会在法治研究领域得到一个比这种隐喻和暗示性的表述更加丰富和完整的画面。至少，这样一个图景会包括——这是现今法治研究没有包括的——我们旨在运用法律去做什么，而不仅仅是我们要禁止法律做什么。并且，关于我们想要运用法律去做什么，至少是某些时候，是要禁止私权利的滥用或提供一种方法以化解私权利间的冲突。这不仅要求国家在没有公平程序的情况下去"羞辱、伤害、惩罚或追责"，还要求国家在必要时去补偿、威慑，在需要之处投入和垄断暴力的使用权。我们想要的，是一个遵循法治的自由国度，而不是一个不尊重我们的智慧或剔除我们的参与，将其意志强加给我们的法律系统。我们也想要一个遵循法治的自由国家，确保我们在家园和社区中是安全的，没有私人暴力；确保我们在商业交易中能够享受公平，以及确保我们的私人生活是安适平稳的，面对一些更强势的私人主体时也不被剥夺自由。

　　这里出现了一个重要遗漏。那些威胁着许多人生活的羞辱、惩罚、伤害等，所有沃尔德伦指出的来源于国家

　　权力的东西，有时不是来源于国家而是来源于强势的非国家主体。法律的部分重点是针对它们有所行动。从霍布斯到罗尔斯的自由主义者已经认识到，国家——并非一个出现在人们生活中的、需要去约束的凶残恶魔——也能够成为一种维护国内和平、平等和普遍高水平的社会福利的力量。社会福利的保障，正是通过合法的过程确保国家成功地垄断了暴力的使用，并使私人成为权利分配的普遍平等的参与者。我认为，我们应该构建我们的法律理想——这就是我用法治研究尝试去做的事——以一种将这些现实和这些希望纳入法律范围的方式。我认为，这样做不是为了修改这三种范例的任意一种，而是要建立第四种。这与杰里米·沃尔德伦的程序主义并不冲突，正如他的程序主义与富勒的形式主义并不矛盾，也如富勒的形式主义与优先保护私人财产的法治的实质层面也不矛盾。然而，这些理念之间存在一种紧张关系。因此，我只是发出这个请求，以便更

49

加全面地理解我们的法律理念。若我们要通过法治的象征去谈论我们的法律主义理念,我们应当扩大这种对话,使其包含我们的理想,这样它才不仅包括国家在没有体面程序的情况下可能做不到的事情,还包括如若我们珍视自己所拥有的智慧和洞见,以及沃尔德伦的以保护为目的的程序法治,国家必须运用法律做的事情。

第三篇　法治的实质性概念：非任意性待遇与程序的约束

科里·布雷特施奈德

一、引　言

杰里米·沃尔德伦区分了三种可能的法治观念，这是他对本篇 52
的贡献。首先，我们可能会认为法治是由形式要件定义的。这些形式要件包括法律必须是公开的、非自相矛盾的和非溯及既往的，就如朗·富勒在《法律的道德性》一书中的主张。其次，沃尔德伦认为法治需要法庭上的程序性保障，如拥有一位律师、一位无偏私的法官，以及一次公平审判的权利。沃尔德伦写道，应当尊重程序性保障，因为它们保障了个人作为"智慧的个体"的尊严。最后，他建议不要执迷于法治可能的实质要素，这些要素可能会限制司法程序和立法。

在此，我基于沃尔德伦关于程序重要性的有力例证来提出一种对法治更实质性的理解。具体而言，我强调了两种可以扩展沃尔德伦观点的方式。首先，我认为沃尔德伦对尊严的呼吁是程序的道德基础，这使他对实质性保障进行了说明。这些保障有时可能会限制 53
法律和制定民主决策的程序性维度。其次，我将进一步阐述沃尔德伦的作为实质性价值的尊严概念——它是对"智慧的个体"的尊重。

特别是,我主张那些受到法律支配的主体有权受到非任意性待遇。当尊严以这种方式被理论化时,我们能够更好地理解法治核心的实质性价值与其实质性含义之间的关系。为尊严增加了非任意性待遇的这种扩大化概念,更明确地区分了法治的概念和民主自治的理念。

二、具有程序意义和实质意义的实质性价值

沃尔德伦最重要的贡献之一是他对法治的形式主义概念的挑战,这种概念主导了关于这一论题的讨论。这些概念——包括了那些基于实证主义理念和富勒道德最低限度主义的概念——进行了夸大的描述,不能为评价法律的形式因素甚至是法治本身提供任何道德规范的理由。沃尔德伦在解释法治的道德基础应该尊重人的尊严时纠正了这一错误。他令人信服的观点代表了形式主义理论的一个重大进步,而这些理论尚未对构成了法律形式要素的原因和价值进行完整阐述。

沃尔德伦很早就在他的文章中正确地强调了,出于形式主义的原因而重视法治的形式特征是错误的。这种在实证主义思想家中很常见的推理方式是循环型的。然而,他认为富勒通过将法律的形式要素置于尊严的基础价值之上,来避免循环问题。通过强调富勒对价值的呼吁——其中这种价值独立于法律的形式需求,比其更加基础——沃尔德伦开启了一种可能性,即法治需要的不仅仅是富勒所指的形式要素。为了理解法治的要求,我们必须对尊严的内涵和外延进行规范性审查。我们不能仅仅假设一系列对法治进行特殊定义的形式要件。正如沃尔德伦所坚持认为的,法治是一种需要被诠释的理念,任何一种法治都应当涉及做出诠释的理由。

沃尔德伦将尊严解释为对受法律约束的"能动智慧体"的尊重。这是指在法律约束下行事的人有个人主张和观点,而法院在做出裁判前必须了解这些主张和观点。正如沃尔德伦所述,法律"体现了一

个至关重要的尊严主义理念——尊重那些能够适用法律规范来进行自我解释的人的尊严"。为了让人们能够进行自我解释，法治必须提供制度上的保护，如法庭程序。这些包括了"由一个无偏私的审判庭举行的听证"，一种"律师代理权"，以及一种"就证据以及与案件相关的各种法律规范的适用性作出法律论证的权利"。当公民受到犯罪的指控或成为其他具有法律效力事务的主体时，法院及其程序性保护为他们提供了积极参与并解释自身观点的途径。[①] 我想补充一点，即尊严应当是平等的尊严。法治的程序性要素应当是所有在法律强制力之下的主体都可以要求的。

我认为，沃尔德伦的观点——特别是他声称尊严的实质性道德价值是法治的基础——使他对法治产生了实质影响。正如尊严的价值需要超出形式要件的程序性保障。虽然沃尔德伦在文章中强调的是提取法治的程序性内涵，但实质性含义也是源于尊严的实质价值，这是他的法治理想的核心。简言之，沃尔德伦说道："我相信在（法治的）实质要素和形式要素之间有一种天然的交叠，尤其是因为……形式要素常常得到尊严和自由的实质性理由的支持。"正是这个原因，我想沃尔德伦的理论框架将他的观点表达为应当在法治的形式和程序方面增加实质性要求。

在此种情况下，明辨"实质"和"程序"的定义是有帮助的。提出尊严的价值本身是实质性的说法，我旨在说明尊严的价值独立于任何特定的制度或程序保障。这种价值不仅与"程序"和"机构"无关；在逻辑和规范意义上也优先于其含义。但若这种程序独立的价值在规范层面优先于法治所要求的程序，那么程序可能不足以保证在实际政策中应用这一价值。尊严的逻辑上的优先性，在对法治的理解

55

[①] 我认为这种结构的众多优点之一是它提供了一种将法治理解为规范概念的方法。通过诉诸法治的核心价值，即尊严的价值，沃尔德伦能够解释为什么法治不仅仅是一种社会学现象，以及为什么我们应该重视它。在这里，他打破了某些实证主义思想，这些思想会告诉我们法律是什么，但不是为什么我们应该重视它或它需要什么。

方面,意味着任何一种程序和制度的安排都可能无法保障这一价值在政策或法律上的落实。因为尊严本身与程序无关。我们应当认识到,尽管程序可能实现尊严的价值,这些程序的最终结果可能违背尊严的价值。因此与程序无关的尊严的价值可能需要对程序进行额外限制。我称这些限制为法治的实质性保障。

我认为,一些特殊的政策或立法可能满足法治的形式和程序要素,但仍会违背法治本身的核心价值。比如,试想一部禁止公开批评政府的法律。这样一部法律的实施可能会符合富勒的所有形式要件。它可以确保审判的权利和所有沃尔德伦提出的程序保障。然而,因为它否认了"智慧的个体",它仍会违背法治理念。此处,实质性的、无关程序的价值需要超出法律的形式性和程序性之上的政策限制。进一步讲,尊严的理念可能也同样需要对一些结果进行限制,而这些结果是由民主程序创造的,旨在尊重受法律支配者的平等尊严。① 到目前为止,我已经说明了为何沃尔德伦对尊严的呼吁作为法治的程序保障性原则也应当是实质性保障。在下一部分,我会详尽阐释我们应当如何理解这些实质性要件,以及我们应当如何理解作为它们基础的尊严的概念。

三、非任意性待遇下的尊严:区别于民主自治的法治

截至目前,我主要在沃尔德伦的法治框架下进行阐述,着力强调了其需要实质性保障的原因。现在,我想要说明一个他对尊严理解的附加性内容。若没有这项延伸的解释,尽管事实上沃尔德伦想要区分法治与民主,但我想他的构想的表达会偏离自治。我试图通过重新构思尊严的概念来强调其中的区别。

---

① 我不认为这个观点只与司法审查的观点相一致。正如沃尔德伦在讨论法治的程序性影响时所说,这个实质维度可能得到的是来自立法机构的保障,而非法院。

尊严的理念考量了一种必须适用于那些与法治相关者的情况。沃尔德伦在他的文章中解释了我们应当理解这一价值的方式：

> 可以说，我们应当重视治理中某些为了个人自由而提升法律明确性和确定性的规则，一个自由而冷静的人需要论证的机会，需要一分为二，需要部分选取。法治依赖的是：像尊重智慧的个体一样，尊重每个人的自由和尊严。

在强调为何尊严需要尊重"智慧的个体"的"能动"部分时，沃尔德伦揭示了尊严的程序含义。法治的核心程序应保护被告在整个法律程序中表达和参与的权利。被告不应当仅仅接受指控，也应当获得法律咨询。

然而，我认为这里对智慧的个体的强调衍生出一个问题：沃尔德伦的法治概念是否与他的民主概念发生混同。在他对民主的开创性研究中，沃尔德伦声称，它是潜藏在"权利的权利"之下的"决策能力"，即民主进程中的参与。他目前对尊严的定义明显与那种观点相异；这种尊严没有赋予罪犯选择陪审团的权利，而此陪审团可能对他们的定罪拥有决定权。但是，这似乎又涉及一些有限的参与。比如，拥有宣判后的作证权或在法庭决定已经作出后的辩护权是不够的。沃尔德伦的法治观点是，作为程序的一部分，罪犯有权知晓和回应可能对他们的命运做出裁决的指控。虽然此处的这种参与并不完全是他详尽阐述的民主，但具有重大的相关性。即使当事人无权做出裁决，但有权影响这个裁决。

然而，从沃尔德伦的观点出发，一个关于限制参与权利的问题被遗留下来了。若尊严完全关于参与，那么为何法治没有生成一个刑事罪犯可作为平等主体参与决定个人命运的权利呢？如果是这种情况，那么法治和民主之间的差别应当是细微的。我认为沃尔德伦希望抵制这种论调。但是，想要这样做的话，他需要确定限制和平衡他所呼吁的多种参与权的一个原则。因此，我提出一个限制原则。

我想说的是，尊严的参与层面至少应当受到非任意性待遇制衡，这种任意性待遇是与参与不同的实质性价值,并时而能够限制参与。我将非任意性待遇定义为:(1)保护无辜者免受刑罚;(2)为与公民平等地位息息相关的政府强制行为提供合理解释。虽然,在沃尔德伦的民主自治概念中,参与是"权利的权利",但我相信,一旦它进入到法治,应当受到特殊限制,以保障公民的意愿,甚至是保护他们免受自身侵害。我认为,非任意性待遇应当被视为是对法治的参与和形式层面的限制。

为了说明非任意性待遇作为参与权的制衡力量的重要性,将其视为一种为他们自身辩护的权利,这是沃尔德伦尊严概念的一个明确含义。在法庭上被告为自身辩护的权利,是对其不仅仅被当作法律客体对待的承认。他们在对自身利害的阐释和解读上有潜在作用。无论被告自己如何决策都对其实施保护,这种权利应当受到制衡。比如,法官无疑会试图说服被告不要在没有律师的情况下为自身辩护,这是出于对被告的利益无法得到充分保护的考量。这里强调了被告的利益,即行使参与权。在一些案例中,这些权利甚至会被剥夺。例如,自我代表权不会扩展到上诉程序,也不会延伸到不知情时作出决定的情况。更具争议的是,我认为,当被告想同时充当自己的辩护人但明显不适格时,有理由限制其权利。

在是否有一种自我代表或自我辩护的基础性权利的判断中,现今的判例法围绕沃尔德伦对法治程序维度的强调和被告在表达自身意愿时的重要角色而展开。其结论是被告有权自我代表,即使这样做可能会以最不利的方式损害自身利益。然而,我担心的是,在费尔塔(Faretta)诉加州案中法官有如此大的分歧,这个规则会过度地伤害到法治的实质核心,即无辜者不应受到惩罚。① 至少,正如斯图尔特法官在其多数意见中所指出的,这是一个困难的情况,因为一个自辩的

---

① 在我看来,现行法律在被告的参与权方面做得有些过分。在费尔塔诉加州案中,一个分裂的法院承认了被告拒绝律师并在刑事诉讼中自我代表的宪法权利。

被告的参与权应当与公正审判和无辜者免受刑罚相平衡。斯图尔特法官对这一问题的思考表明，实质价值必须至少与参与的程序性权利相平衡。然而，我会更进一步，同意布莱克门法官的反对意见，即没有"自辩的诉求能够治愈一个不正义的结果对社会的损害"。我认为，法治理念有时需要保护被告不受来自他们自身参与的负面结果的影响。

这个例子说明沃尔德伦所指法治核心的尊严的概念可以从重构中获益。我主张对作为"智慧的个体"的个人尊严的保护，也即对参与和解释他们个人意愿的程序性权利，应当与非任意处理的保护相平衡，并受其限制。对于"非任意性待遇"，我指的是国家对其法律和司法判决必须有一种与个人的自由和平等状况相符的道德正当性。这并不意味着法律必须完全公正，但它保证了自由、平等的公民权利不受胁迫。此外，无论程序性权利是否得到保障，本标准均可适用。

对法治和非任意性待遇概念都至关重要的是，如果一个人确实是无辜的，就不会被监禁。但这一实质性权利不能完全依靠法治的程序要素。我认为，即使没有任何程序权利受到侵犯，当无辜者被监禁时，法治也会受到侵犯。在赫雷拉诉柯林斯案（Herrera v. Collins）的多数判决中，首席大法官伦奎斯特持反对意见。他的裁决应被解读为：实际上的无罪不应成为获释的理由，即使是对死刑而言。然而，这种纯粹的程序正义会削弱法治的实质理念，这种理念需要无辜者不受惩罚。

我已经讨论过非任意性裁决如何限制法院制度中参与的价值。然而，正如我在开始时所说的那样，法治的实质也对限制民主程序的结果有影响。这里不会展开说明这些内容，但我将讨论一种可能性。我认为，有可能通过呼吁法治的实质方面来维护最高法院的一些权利。特别是，我想到了最高法院对评估立法合宪性的测试。根据敌意学说，法院废除了蓄意针对少数派宗教和禁止肛交行为的法律，因为它们没有"理性基础"。但敌意学说不仅仅是形式或程序的考察。

带有敌意的法律可能同时符合法治的形式和程序需求。此外，这些法律有其根据，很多属于宗教伦理。然而，在我看来，法院宣布这些法律是任意的，是由于它们并非基于这些法律所规定的自由和平等的状况。当然，这种主张将法治概念置于远离富勒正式问题的争议中心。但我相信，一旦我们认识到尊严的实质性概念是法治的核心，就会产生非任意对待的要求。强大的概念会有强大的含义（值得注意的是，鉴于沃尔德伦众所周知的反对司法审查的观点，立法机构也可以援引这种深远的法治概念来限制他们自己的法律）。[①]

对这个被广泛认可的非任意性的实质性概念还需要做进一步阐述，但我想用对它的一个异议作结尾。有些人会认为，非任意性是一种太过宽泛的概念，不应作为法治的基础。例如，批评者可能会同意没有合理审查标准的法律是具有缺陷的，但会争辩我们不能通过对法治本身的控诉而达到这一结论。他们会认为，依据这样一个广义的概念来理解尊严，会有在法治理念下混同重要的政治合法性理论的风险。

这种挑战提出了回归如何区分法治和民主问题的重要性。在我看来，当我们强调非任意性，以及法治除了参与外的其他维度时，更容易清楚地区分法治与民主。一个没有保障投票权和民主自治参与权的非民主政权，也可能满足非任意性标准。比如，君主可能会尊重那些我所提到的实质性约束，尽管它违背了一些基本民主权利，因为这些实质性保障意味着对个人与其参与权分离的承认。[②]

与之相对，沃尔德伦尊严概念的参与性可能引发一项挑战，那就是对参与权的特别强调会面临混同法治的价值和民主的价值的风险。虽然沃尔德伦此处强调的是一系列法律程序，而非民主程序。

---

① 在另一本书里，我质疑了沃尔德伦在司法审查中的立场。参见我的《民主权利：自治的实质》一书。我也质疑他的民主程序概念，我认为应当是"民主的价值理论"，这是一种自治的实质性理念。我们对法治的分歧与我们对民主意义的分歧有相似之处，但我在这篇文章中尽量不展开我对之前争议的回应。

② 我认为富勒的"国王雷克斯"是君主并非偶然。富勒正确地认为，法治并不需要民主自治的所有理念。

但批评者可能会认为，与自治相同的尊严价值也是两者的基础。因此，一个否定民主进程中参与权的国王在否定法庭上的参与权时，也同样会违背这些价值。

沃尔德伦会在这里指出，那种对法治至关重要的参与权不同于　　61
民主。法治下的参与是一种协商性的权利，即无须作出决定或投票的权利。但批评者可能会回应说，协商就是一种参与的形式，因为它试图影响陪审团。如我所说，陪审团作出裁决后的协商是毫无意义的。因此，评论家可能会认为，看似不同价值的东西在不同的形式下实际上具有相同的价值。这种评论认为，违背法治者的真正问题在于他们没有尊重民主的价值。

我并不认为这一反对意见会对沃尔德伦的观点造成致命打击，但它确实指出了非任意性的附加价值，是对他确信的法治核心观点的程序维度的质疑。通过强调保护而非参与，可以明确区分非任意性与参与价值，并对后者予以限制。①

四、结　语

在这些评论中，我已经采用，并在某些方面详尽阐释了沃尔德伦对我们对法治理解上的重要贡献。首先，我强调了为什么尊严本身的价值应被理解为一种实质性价值，需要实质性保障的补充和限制性程序。其次，我也说明了要充分考虑法治所要求的在法律和民主程序上的约束，尊严的价值应当被扩大至不仅要尊重智慧的个体，也应包括非任意性待遇的理念。

---

①　我已经强调了为什么非任意性的概念可以通过不符合理想中的民主标准的政权来实现。但我不想做出错误的建议，即法治与民主在规范层面毫无关联。虽然一个社会没有民主也可能会实行法治，但反过来却并非如此。我不相信没有法治也能拥有民主。在我看来，理想民主的一个组成部分是对非任意性的承诺。例如，我们不能任意地划分出有投票权的人。但这就是说，非任意性和法治限制了在理想民主中可以做到的事情。它并不表明法治的价值需求与理想民主相同或相似。

第四篇　法治的四个谜题：为什么？做什么？去哪里？谁在乎？

马丁·克里杰尔

　　法治时代似已到来。在过去的 20 余年里，这一概念已经从一个经常受到公众嘲讽甚至是忽略的边缘问题，转而成为一个神圣（尽管有时也略显空洞）的焦点。曾经只有律师和法哲学家才感兴趣的准技术术语，如今成为全球问题，自然而然地与民主、平等和正义共同成为坚不可摧的善的代表。

　　当今时代，每个发展机构都认为法治是一个令人雀跃的国际化名词，是对经济、民主、人权等的支撑。法治处于迅速提升中。许多人和机构致力于法治事业，许多金钱投入其中，许多学院也致力于法治的研究。说到法治的拥趸，我算一个。这在某种程度上讲，确是好消息，但仅仅是在某种层面。因为很难说它实际获得了多少成就，更别说理解"它"到底是什么。随着越来越多的人想追求法治，它到底对什么有益似乎也不再清晰。一些人仍在怀疑它是否有益。

　　在过去的 30 多年时间里，我努力想要弄清法治，以及它的发展态势。本章将会给出一些关于这种探求的解释，在这条征途上需要战胜的"巨龙"，一些熠熠闪光但难以捕获的"战利品"，以及为何经过如此一番长途跋涉，在光明的尽头仍会出现长长的"隧道"。

　　法治的许多晦涩元素的核心就是本章标题中提到的几点。下面我会按顺序逐一分析这些谜题。有人可能会想重新调整这一顺序，并且也有很多人是这样做的，但我认为并无必要。我的结论基于下列观点：我们关于法治的立场往往取决于我们的位置。如今，这一概念的影响力如此之大，部分原因是人们有了太多理由去关注它。多种解读可能会令人迷惑，但同样也会反映出观念的真实差异。我会对两种影响深远的观点进行区分。一种主张在尚未建立法治之处着手创建法治。这一旨在创立法治的尝试，常常是艰辛且无果的。另一种出现于法治已经存在和或多或少已经建立起来的地方。人们试图研究它、守护它、批评它或提升它。法治已经得到了实现①，人们进而试图雕琢它。在我们探讨何为法治、它依赖什么、它的价值又是什么之前，弄清是谁在问，以及身处什么样的环境下问，是很有裨益的。

一、为什么？

　　通常在探讨法治对什么有益及其价值之前，要先弄清楚法治到底是什么。关注点在于一系列据称是由法律机构和法律规则给出释义的法治本身的特征。这些特征也大有不同，一些是抽象的，一些与特定的固有概念紧密结合，还有一些属于基本要素（特别是司法方面的）清单。

　　比如，在最抽象的层面，法哲学家对法律的形式要素作出特别规定。最具影响力的要数朗·富勒的"法律的内在道德性"，指出了法律规则的八个形式特征——它们是：

　　（1）一般性；

---

　　①　我在这里使用简略的表述。法治并不是一种全有或全无的东西。它是一种程度的高低，而不仅仅是范围的大小。这点通常很重要。当我使用这种简略表述时，我只是指一个社会相对较好地推行了法治。其他社会推行得不好，或有一些实现不足，我们会简略地表述为他们缺乏法治。

66

（2）公开性；

（3）不溯及既往性；

（4）明确性；

（5）连贯性；

（6）可达成性；

（7）相对稳定性；

（8）行政行为与颁布规则的一致性。

一种所谓的法律秩序若是完全颠覆了以上任一维度，那么富勒认为，这就不是法治。虽然其他几项也不可忽视，但若某一项完成得好则会被认为其法治程度高。毕竟，生命如此纷繁多变，且在以上任一方面的完美既不可取，也不可能。

更具体也更确切地说，在他对法治具有深远影响的考量中，戴西（A. V. Dicey）聚焦于英国制度秩序的三个独特原则——政府在"广泛的、强制的或任意的约束力"上的无能；所有公民对同样的、一般的、由相同普通法院作出的法律规定的服从，无论他们的"阶层或条件"；以及根据个别案件而非一般成文的宪法文件确定的宪法原则。律师们经常以戴西为榜样，无论他们是否受其影响，并通过他们对自己的法律秩序的偏好来认定法治。

如今，在那些世界上蒙昧无知的地方出现了众多国际法治倡导者，因为法治是时髦的、有争议的（但并非实质性争议）。法治是实现超越法治本身的各种有价值目的的必要手段。如查尔斯·卡尔（Charles T. Call）所述：

> 在一众过剩的发展机构和安全机构中间，一种新兴的"法治共识"出现了。这一共识包括两重因素：其一，具有一种信念，法治几乎对所有西方自由主义外交政策目标都至关重要——人权、民主、经济和政治的稳定、反恐和反其他跨国威胁的国际安全、跨国贸易与投资；其二，具有另一种信念，国际干预（通过金

钱、人类或思想)必须满足法治要素。

在这些干预过程中的法治被认定有一些"司法要素",特别是与　67
法官和律师有关。如汤姆·金斯伯格(Tom Ginsburg)所说,"'法治
化'已经成为所有对法律机构干预的捷径,是'司法'干预的同义表
达。正如当代实践所推行的那样,是一种律师规则的简写,而非传统
意义上的法治,虽然此二者也确有交叠"①。这种法治干预的方式和
议程——它甚至排除了"国家无律师的方面,如公共行政或非国家司
法"——有两个后果:一方面,法治改革者试图推行法治,因为它想要
达到的外部结果是有价值的;另一方面,那些结果本身是外化于法治
改革者的。我们建立法治,是建立包含形式要素的机构,经济学家、
社会学家、政治学家基于我们的成果来完成剩下的工作。

这几种观点,以及受其影响的其他观点,彼此在本质上有极大不
同。然而,它们都基于两个共同的核心假设:(1)法治的构成要素是
法律机构、规则和官方惯例;(2)我们能够以一般适用的方式规定这
些机构、规则和做法的哪些方面和要素共同构成法治。法治的许多
其他观点甚至比这些更加丰富——它们的"加厚"版包括实质性内
容,例如对人权的处理,以及更多专注于法律形式而非实质内容的
"瘦身"版。它们提及了机构的特殊设置,权利法案的存废等问题。
同样,关注点在于法律核心秩序的特征及其宣扬的内容。

我相信,单独来看,每种观点都存在问题。但我仍旧认为,并也
在其他文章中说过了,它们所分享的理念一如它们的区别一样具有
误导性。它们始于错误的问题,因此它们的答案,虽颇有洞见,但离

---

①　在发展中国家和国际层面,法治几乎已成为法律与司法改革的代名词。关于不同
国家的法律系统实际上做了什么,他们为什么这样做,以及产生了什么影响等这些基本问
题未被充分探讨或根本就被完全忽视了。在发达国家和发展中国家,关于法治与人权、民
主、市民社会、经济发展和治理之间关系的更大问题往往被简化为法律界的纯教义主义。
而且,在国际资助界的实践中,法治被简化为提供资助的部门,特别是司法部门。

在过去几年中,我们查阅了与法律和司法改革有关的大量文献。然而,很少文献关注
理论与实践之间日益扩大的差距,或者法治项目的目标与目标相关实践活动之间的脱节。

题甚远。我认为,合适的研究起点应是问"为什么",即人们为什么想要法治? 而非"是什么",即法治由什么组成? 前者很重要,因为除非先对前者作答,否则后者也不会有合理的答案。并且,在某处的合适答案可能在别处并不合适。对此我已思考良久了,并常常作出说明。答案已经出现了,我认为有三:概念上的、经验上的和实践上的。

概念上的原因在于:法治不是一个自然客体,比如一颗卵石或一棵树,后者无须探讨我们想要它做什么,它甚至也不是一个可供你摆布的人造品,比如一条法律规则的表述,虽然它的实现等需要依赖这些人造品。法治的出现是一种有益的状况,通过我们制定法律规则来实现(不是一个简单的概念,也不是简单的在字典中找到的这两个字的解释,而是让它恰如其分地出现在某一刻)。我们加入其中的元素也应是那些对这一事态的产生有益或有保障的。换句话说,法治是一个目的论概念,会以其指向而做出理解;而非结构上的,考量特殊的法律结构和实践的形态,无论它们出于什么目的。因为即使这种结构正是我们想要的,如果法律不加以规制,我们也不会获得法治。相反,如果这些机构并非如我们所预期的,但它们在实行法治,也可以说,我们达到了法治。我们为了目的而寻求法治,为其缘由而去欣赏法治。除非我们首先追溯并厘清这些目的和缘由,并以此探求我们需要的是什么,以及如何达到,否则我们定然是盲目的。

你应当知晓富勒的八要素,或是戴西的三原则,或是世界银行的法治清单,但它们在特定社会中恰恰没有有益目的,或无法正常服务于这些目的,或与我们所信仰的法治相悖,或不作为,或被敌对势力压制。那么,再说"那是一个法治社会",感觉上就很奇怪了。至少很难找到一个不是从学术角度出发的这样评价的人。其原因显而易见:你可能制定了法律,但在这些情况下它并不起作用。

这与我们的假设相一致,即我们可以理性地做出判断。比如说,苏格兰法治程度高,俄罗斯法治程度低,而缅甸则几乎没有法治的踪影。并且，我们无须知道太多法律的技术事项和复杂情况就可以得出结论。要了解在一个社会里，法治是否被很好地实现了，首先不是关于法律机构形态的问题，而是一个存在的问题：一国法治价值观缺失或繁荣。

在另一个语境下，贾恩弗兰科·波齐（Gianfranco Poggi）提到了涂尔干的社会概念——将它从混乱中提炼出来——"就现实而言"，"只要某些事情继续存在"，社会模式行为、共享的和内化规范等，我就可以如此认定法治。这是一个相对而可变的答案，而非全有或全无形式。但我们可以说它处在一个良好的状态下，或以法律能够运行的特定方式，作为一种确定的有价值的存在。在这个角度上，我不想就其具体描述去进行争论，我只想作出方向上的指引。目前，法治的运转处在一个相对良好的秩序中，其中比较核心的，如政治、社会和经济力量是在很大程度上受到法律的有效约束和引导的。因此，这种权力的非任意性运作是相对常规的，而其他的部分，如违法的、反复的、蓄意的权力运用，通常会较少出现。

当然了，关于如何描述这种状况、法律如何作用，以及如何有效运行，仍存在争议。然而，这些争议并非法治所独有。想想民主、正义、平等这些有争议的概念，甚至"天生具有争议性"，也并不会因此而变得无意义或无用。相反，它们中的一些是最为紧要的。

我个人的阐述并不能杜绝这种争论。结尾和手段都在发挥作用，两个领域存在的分歧也都很常见。我只是想说法治首先需要问询其终极目的，而后去实现它。你假定的目的不一定是道德性目的（虽然，在我理解中的法治确有道德价值），这取决于你如何去描述它们，但你无法在明确法治对什么有好处之前有效地描述或探讨它。当然，那些列出法治要素的人认为这些指标加在一起也是有意义的。但他们太过简单地认定了法治的目的与制度性构建之间的关系。相较于目的，他们当然对制度设置有更多的分析。

这会逐渐与我经验主义的观点相融合,既指向那些寻求评估不同社会法治程度的分析师,也指向那些寻求建立法治的法治推动者。研究法治的社会学家分析不同情况下法治的要素。这是一项非常深奥精妙的工作,充斥着指标、数据等等。但这些指标在暗示什么呢?通常情况下,这是一个正在进行着严格的理论化构建的问题。比如一项标准的法治指标:司法独立。我们知道法官不被自负的集权者、局外人或越位者所影响的重要性。司法解释是令法律效力停止的制度,至少,原则上讲,司法解释最终会决定法律是什么或法律将成为什么。并因此,对司法的保护越强大,使其免受来自制度上的、文化上的、财政上的外在压力,法治状况会越好。因此,司法独立是法治的一项标准指标。然而,除非独立性被假定为是对法治有益的先验指标,否则指标及其指示的结果之间的关系会比乍看时更加扑朔迷离。

司法独立至多不过是司法廉正和司法能力所需要的一部分。更重要的是,有一些完全相反的情况。它可以成为司法无能、政治连带以及腐败的有效伪装,特别是在司法独立被制度化之前,在以上三者盛行的社会里,以及在那些完全不认为法官从根本上就应当是法律代言人的社会里。因此,几个 1989 年经历剧变后的国家很快脱离外在干涉,将内在的司法自治和司法独立制度化,仿佛它们通过想象已经实现了符合司法规范和法治去设置法院的理想。这样就会滋生难以破除的陈旧、无能、腐败,并长期延续下去。事实上,在一些"变革中"的法律秩序之下,让法官成为终身制其实是蓄意为之的,这样即使政治领导人输掉了选举,仍会有同阵营的法官,使其免于遭受反对者的施压。

通过分析一些技术法律援助项目(TLA)帮助的无辜者,斯蒂芬·霍姆斯(Stephen Holmes)指出司法独立是一项颇为矛盾的成就。它并不全都是我们想要的,并且在一些特定方面,也不是我们应该追求的。他指出,法官依赖于国家的资助;维护法院大楼、设施等

71

的使用；公正、有效地保障司法决策的实施。这些都不是小事情，而且我们也并不想法官自谋出路去实现它们。当然了，我们希望法官独立地做出裁决，也确有制度性设置鼓励他们这样做。然而，除非伴随着对自身利益之外的某些事物的真正尊重——比如说法律——独立性可以治愈任何顽疾。正如霍姆斯所说，有一些普遍真理，让一切更加戏剧化。在推翻独裁主义后的政体里：

> 法院其实是一个"孤立的机构"，突然间从一个它曾经服从但现已失效的政治当局的管控下脱离出来。一个已经消亡的政权遗留下来的这些碎片通常是由一些顽固的专业人士硬嵌入陈旧的运营模式中。司法独立这一意识形态，若是不假思索地接受，完全能够用以阻碍或延迟这些模式的革新。

在这种情况下，霍姆斯继续指出：

> 事实上，变革过程中一个巨大的隐患，是半途而废的改革。半途而废的改革出现在当法院试图从独裁主义中解放却并未适应民主的时候。它可以拒绝行政部门的命令，并且不遵从选举出的立法机构通过宪法和普通法律所表达的社会意志。推翻了独裁主义之后的法院可以专门致力于一些保持和延续自身整体优势的工作。法官行业的这一群体的利益可以不向所有社会公共利益妥协。并且更重要的是，能够保护自由主义语言的标新立异……为了避免这种孤僻的社团主义，伪装成自由主义的正统观念并在过渡政权中越来越普遍，应当是（但目前仍未成为）TLA 的主要目标之一。

这些司法独立的弊端，只有给它准确的界定，才能够使它的存在成为一个自动的法治"指标"。选取法治实证性指标的基础不是简单地认为其本身是实证的。它必须是被理论指导的，并且理论化的核心必须是指标和你试图去指引的结果之间的关系的一些构想，或者，

72

换句话说,它是否支持了法治。

我另一个实践方面的,对法治的描述有所怀疑的原因——这种怀疑始于制度设置而非有价值的结论——其原因遵循的常常是重要的、也是遥远的和与众不同的初衷,这一方式太轻而易举了,以至于无法在制度遗留的碎片和残骸中理解法治的意义。对法治的推进更像是一种受到组织理论家好评的病理学方法,即目标置换法。简单地说,当手段被替换为目的时,通常是无意识的,并且当人们忧虑于法治的要素清单或"现成的蓝图"时,习惯以别国或久远的起源为参照,却缺乏对法治目的或其个人规划的合适目标的反映。他们建造法律图书馆,增加法院电脑的数量,教会法官一些案件管理的方法,是为了自己?还是为了促进法治?当然了,我们知道每位被提问者将作出什么样的回答。然而,对于法治倡导者所推动的法律与法治之间的关联,我们往往是作出假定,而非进行论证,我们甚至质疑。特定制度和制度设置对法治有所贡献,但焦点也会集中于这些制度本身,而非推动制度发展却无法反哺法治的那些目标。

在法治情况较好的地方,特别是在法治推行已久的地方,我们可能并不真正理解为什么我们仍然会从法治中受益。菲利浦·塞尔兹尼克(Philip Selznick)引用了肯尼斯·温斯顿(Kenneth Winston)的评论,"我们常常不知道与形式分离的价值的含义"来说明"我们经常对一种特定的形式或惯例更有信心,这种形式或惯例源于经验,而不是对形式存在的原因或它所支持的价值的抽象描述"。在此情况下,迈克尔·奥克肖特(Michael Oakeshott)"追求传统的暗示",那些试图对理性主义的维护,则颇有优势。然而,人们对法治的制度化努力是不同的,尤其在此前并无法治的地方,或者当地传统并不欢迎生成法治的地方——但本地传统仍至关重要,它们始终存在并需要对法治进行调和,那么对暗示的追求就远远不够了。我们需要对基本原理进行更深入的思考。有一些社会中的法治不深入,出现时间短,需要面临与不关心法治的力量的激烈对抗,以及不为法治提供任何便利条件——我认为，在这些社会里，从法律制度要素的成功经验着手进行回应，这是糟糕的开端。我们需要去问一问它们服务于或尤其应当服务于什么价值。

当然，不是每个人都具有相同的价值观，我们将会看到，"法治"术语被许多人用于表达不同追求。因此，弄清楚它们在本次讨论中的来源十分重要。此处将法治术语作通常使用，太不同寻常或错综复杂的含义并无益处。然而，鉴于它是如此普遍使用，很难不在某种程度上作出规定。以下是我作出的基于法治一般含义的特别的规定。

外部目标与内部目标

在当今社会中，有一类推行法治的主体似乎已经注意到了我的建议。那就是有着众多"转型中的""冲突后的"提倡法治的国际机构和"发展中"国家。毕竟，法治如今在这些机构中的兴盛并非由于法治本身。而是如我们所见，因为法治看上去会带来其他收益：经济发展、人权、民主等等。

然而，虽然我很高兴能够获得支持，并且法治的普及也是值得欣喜的，但仍有一些其他事项在我脑中萦绕。如我上文所述，以上列举的目标对法治都是外部的，源自法治的实施和巩固，而这些价值本身并不是法治的一部分。进一步讲，那些目标并不会影响拥护者对法治是什么和在哪里实施的理解。法治被视为一种技术，而法治本身独立于这些从法治中分离出来的目标。

事实上，讨论法治是否服务于此类目的的文献通常会从对法治的理解中跳出来，法治拥有特定的法律制度并最终会走向外部结局。而这些文献忽略的一点是，在两者之间的差距中，问题仍然是法治自身的正确目标是否已经实现，至少是部分实现。这个问题在法治已普遍推行却不尽如人意的时候变得尤为突出。法治已经被推行了，

74

钱也花掉了,法官接受培训了,但经济状况却仍旧糟糕,或者国家被一个暴君掌控了,又或者内战爆发了,人权也被践踏了。"法治到底为我们做了什么?"快快的改革者们又要抱怨了。因此,弗兰克·厄珀姆(Frank Upham)慨叹道:

> 西方对法律角色的错误定位将被发展中国家接受,从而会导致国内的努力和专注力的错误分配,也许更重要的是,最终会完全破坏法律的潜力。当刑法典的修订没有阻止军阀在阿富汗制造暴乱,美国法学院教授训练出的他国法官没有阻止持不同政见者被扣押——甚至,相反,让法官为扣押行为提供合理法律理由——政治领袖可能完全背离法律,抹杀了法律在政治和经济发展中可以发挥的微不足道的作用。

通常,厄珀姆认为法治和对法治期待的夸大是他最大的担忧,而不是对法治不恰当的理解。但是,比已经推行的法治收益甚微更大的问题是,这些社会施行的并非法治,而只是应其职责而生的法律机构的一些碎片,那么又该如何呢? 这仅是我个人观点:当合法的制度修正无法阻止暴乱的发生,当有话语权的人曲解或忽视法律,而无话语权的人只是在忍受这些法律或无依据的权力,法治的存在状况必定是非常糟糕的,无论法律和机构如何设置。 基于上述原因,我们得出的结论就并不会令人意外了。以其自身来看,人们常将法律制度性要素等同于法治,而事实并非如此。以其自身来看,也从未如此。

当然了,人们预期法治会产生良好结果,因为它还有更多收益。法治会给我们带来期待中的经济、民主、人权等,这或许是一个合理的期待,或许不是。然而,这只有当我们实现了法治,而非仅仅是一些机构希望去践行时才能够作出评断。想想马克思·韦伯(Max Weber)对法律和资本主义的观点。他认为,形式合理的法律相对更具有可预测性,而且这种可预测性给当代资本家带来更多好处。他对这种关联性的认识可能是错误的,但其逻辑是正确的。我们首先需要关注法治的内在结果，它自身的终极目标，法治事业的内在目标。对民主，人权或经济进一步的二阶效应可能会、也可能不会从法治中产生，这还需要进一步研究，但它们绝不是内部性的。换句话说，经济发展，甚至民主，并不是法治第一阶的目标。若法治真的促成了它们，那也是由法治是什么、何时做、应当做什么的内在因素所成就的。

从这个意义上讲，什么目标才是内部性的呢？ 法治的第一阶目的，并且可能是法治传统中最深层次的目的，就是它们涉及合法地减少那些有能力行使自由裁量权的人任意行使权力的可能性，就是缩减那些处于某个位置、可以运用巨大司法裁判权力的人进行任意裁量的可能性。我已经提供了一个足够复杂、结构化的研究，关于任意裁量包括（可以任性、突发奇想、非理性、无理性吗？ 自由裁量到什么程度？ 若非完全自由裁量，那个度又是什么？ 如此等等）以及排除什么。然而，总体上讲，我比较满意菲利普·佩蒂特（Philip Pettit）下的定义：

> 如果一部法律充满代理人的任意决断、裁量或审判，我们可以说，它是一部基于任意性理念的恶法。而代理人只需根据其喜恶来选择适用或不适用这部法律。当我们说一部基于任意性基础的法律是恶法……我们指的是在不考虑利害关系人利益或意见的情况下选择适用或驳回该法。这种选择没有考虑到判决波及的利害关系人的诉求。

进一步说，任意与非任意性裁判无论多么难以进行细节上的区分，但粗略地进行界定并举例是不难的——只要不是非要找到那种想象中完美对应的两者。若两者的界限模糊，那么任意性裁判作为

76

（并可能就是"那一个"）①数个世纪以来，被我们研究的法治中的负面价值存在，其重要性不言而喻。

过去我曾认为减小任意性裁决的可能性足以解释法治的终极目的。现在，我仍这样认为，但需要对它做出一点澄清。因为，若是将它看得太过简单，我们会发现它似乎与深层的法律秩序要素相悖。尼尔·麦考密克（Neil MacCormick）与沃尔德伦已经提醒过我们了，"法律是一种充满争议的行为准则"，并且那也并不是出于偶然或是坏运气。那些具有合法权益的人，当权益受到威胁时需要发声，无论他们是原告还是被告。这需要通过一系列法律规范。沃尔德伦强调：

> 一个与法律制度理念相关的深刻而重要的意义是，法律是一种管理人民的方式，尊重人民，认可人民有自己的权利来呈现他们的行为和处境的规范。法律是一种以尊重人类为前提的管理模式，虽然人们会有自己的观点和看法，以自己的立场和导向去适用规范。将规范应用于人类并不像决定如何处理狂犬病动物或破旧的房屋，它涉及对个人想法的关注和对人格及其身体的尊重。它体现了一种至关重要的尊严主义思想——尊重那些规范加身的人的尊严，让他们有辩解的机会。

这是一种道德价值，但仔细分析，它又不单纯是道德性的。因为它不仅仅是随机、偶然地与法律发生关联，更是一种重要的法律价值，对于法律秩序的道德完整性至关重要。富勒称之为"将人类行为置于规则治理之下的驱动力"。再次引用富勒的话，它是法律的"内在道德性"的组成部分。也如沃尔德伦所述：

---

① 以詹路易吉·帕隆贝拉（Gianluigi Palombella）为代表，我不确定任意性是否足以让我们走得远，但到目前为止，我已经知道如何去做，并且我不确定我们是否需要更进一步。

辩论性（关于各种主张的含义，或关于一些先例的影响）通常是法律体系中一个正常设置。如果一个系统没有这种辩论，我们很难将其视为一个法律系统……法院、听证、辩论——法律的这些方面并不是可供选择的附加条款，它们是法律的运作方式，是法律中对人类的尊重而言必不可少的要素。但要说我们对提升规则明确性与确定性的治理的重视，应当出于对个人自由的尊重而非进行辩论的机会，因为一个自由个体和自我控制正是需要通过辩论来截断法治所依赖的东西：尊重每个人作为积极的智慧个体的自由和尊严。

这是在限制任意性过程中的另一个法律价值，还是我们对任意性权力的驳论的完善？

通常，反对法律任意性被认为是对法律确定性的追求。如果我们理解这一追求中的成功与增加确定性相同，并且如果我们因此认为法律越确定越好，那么法律的辩论性似乎就成了主要问题，或者至少是一个不同的，或许是不协调的法律价值。因为法律论辩通常会打乱，甚至就是用以打乱普遍存在的确定性。我们越是能够提出法律的可辩性，它看上去越是不确定，法治越会受到损害。

然而，对确定性最大化的追求是徒劳无益的。首先，法律永远无法达成这种确定性，既因为法律解释固有的不确定性，也因世界上其他不确定性因素使得这种确定性是无效的。出于几个原因，我们最好说将不确定性降低至可容忍的水平，而非达到至高层级的确定性。麦考密克在这一点上一直是很聪明的。回想他在欧洲议会做苏格兰代表的时候，他写道：

> 作为立法者队伍中的法哲学家，我常常很确定地要提醒同僚们，确定性是不可达到的，并且我们能做到的最多也就是将不确定性降至一个可接受的程度。什么程度是可接受的，取决于其他价

78

值,其中包括正处在发展中但目前无法评估其实现状况的正义。

麦考密克的睿智,一如他其他的品质,并非常人所能及。法律能够减少由权力的肆意行使而滋生的诸多不确定性,并提供最大程度的保障,即使缺乏完全的和无法实现的确定性——这就是我们应当期待的。

进一步说,不确定性只是任意运用权力时的标志之一。如佩蒂特的定义所述的另一个标志是那些当权者可以不受限制地忽略那些受影响者。用西蒙内·韦尔(Simone Weil)的话说,是无须考虑他们自身作为利害关系人对"世界的看法"。当其承担者可能受法律的影响时,这一观点更为重要,理应列入考量。当法律在你身上起作用而这种作用没有提供其确定性,则你和你的观点的确定性将会被忽略,且变得毫无意义。再一次地,没人能比麦考密克说得更好了:

> 若法治实际上是一种让人们免受任意性干预的保护措施,很清楚的是,它在实务中并不足以在某些情况下发挥效力。必须对受到行动威胁的个人作出一些具体和有挑战性的指控或对相关事实的陈述。这反过来必须得到公开诉讼中的证据支持,其中被指控的一方可以对每一项证据提出异议……并且可以根据她(他)的选择提供相关的反证。此外,还必须能够质疑法律指控或索赔的相关性。

那么,在对任意性权力(有些已经被建议成为确定的)实施的反对、对不可置辩的主张、对法律的解释,以及法律可辩论的特征(这一点需要被挑战、再解释、由受权力影响者提出的法定约束和规制的辩论)之间,有一种很强的联系。在法律适用充满争议这一点上,不是说绝大多数法律在哪里或如何影响多数人,而是因为权力行使的任意性决定了法律要进行规制,除非权力的行使满足人道主义的方式,即在法律的含义、事实的存在和解释,以及该法律对这些事实的适用方面存在合理的差异。因此,根据他们的理由,我同意麦考密克和沃

79

尔德伦对辩论的开放，以补充和完善反对权力任意性实施的意见。权力行使的不可预测性和不可靠性，以及无法对其质疑，都是令人烦恼的，其原因与以下几个让人沉默或忽视的原因相同。此处列举其四。

首先，希望任意权力受到极大限制的一个根本原因是它危及我们的自由。它危及了自由的很多方面，但也许在其共和主义的概念中最明显的表现是无支配自由。这个概念是尤其与法律相关的，实际上它是依赖法律的。菲利普·佩蒂特强调，它是对政治原则共和内核的贡献，以及詹路易吉·帕隆贝拉（Gianluigi Palombella）认为的法治的重要成就。如此理解，不是所有干涉都会侵犯自由，而是只有"任意性（无原因的）干涉"才会，因为它恰与法治理念相悖。如佩蒂特所说，"享受无支配自由就是……不仅不受任意权力干扰，而是有保障不受干涉或有足够的复原能力"。这种保障性和可复原性并非偶然发生，而是需要制度支持，这是法治的任务。实际上，在这种对共和的理解中，法律与自由之间的联系源于法律否认任意行使权力的可能性："正当的法律被视为自由的渊源。"只有在"正当的法律"有助于防止任意行使权力的情况下，共和的自由才能实现，即脱离受支配的罪恶统治。

其次，或许也是任意性对个人自由威胁最基本、最主要的后果，就是单纯的对生命的恐惧。这种恐惧可能是由未经约束的权力的潜在破坏性力量造成的，而这种权力是源于一种只考虑当权者的意念和兴致的需求。无论是否引起恐惧，对自由的威胁都是很糟糕的；如果滋生了恐惧，那这就是双重弊端。恐惧是朱迪思·施克拉（Judith Shklar）在她的"恐惧自由主义"中着重提到的恶，这是一种巨大的恶。恐惧来源的减少是一种巨大的成就。如共和传统所示，仅将一个人未与任意性权力产生关联作为一件幸运的事是远远不够的，虽然这种关联随时可能产生。恰恰相反，如约瑟夫·普里斯特利（Joseph Priestley）所说，"人总会有一些对未知的恐惧，虽然也许它永远不会变成现实,但这个人便不会拥有对生活的完美体验"。为了减少对权力的恐惧(以及它对自由、尊严和明确性的否定),对这种权力的限制必须是有保障的和能够被落实的。解决方法之一就是将其制度化。

再次,任意性衍生出的、与之紧密相连的一个弊端是个体作为权力实施对象的无尊严性。这会导致他要去猜测他会受到那些当权者的何种对待,并且(或者)没有主张、辩护和在权力的实施时获得关注的途径。规避和限制了任意性的法律允许公民拥有自己的观点,并将其视为能动的、有自我意识的主体,而不仅仅是被主权意志操控的对象。通过这些法律,政府赋予主体自我推动的能力,以及捍卫、追求自我选择的利益,而不必担心规则可能会在没有任何警告也没有补救的情况下改变,或者它们根本无关紧要。

最后,我们熟知的降低任意性权力可能性的理由是,面对系统的任意性,公民缺乏与他人之间,以及与国家之间预期的协调性的可靠来源。可能只有当我们在酒吧"一起摇摆"时才能展现我们的"协调性"。成功的社会协调包括但不限于一个清晰的法律框架,这个框架包含了一些可能对他人一无所知的人,在大型、复杂和流动的社会中,无论如何,很难在缺乏这样一个框架时实现社会协调。此外,富勒认为的明确、可预期等规范的存在可能会(且通常被认为会)对这种协调性有所贡献。这是弗里德里希·冯·哈耶克强调的一种美德。并且,在大型的、现代的、流动的和复杂的社会中,会依靠法律来实现这种协调性。

81　　　这四种有价值的成果——对支配、恐惧、无尊严和混乱度的降低——对法治而言并不是无关紧要的。有人可能想要更多,而有人可能想达到其他目标。但是,在我们所知的世界里,这并不是一个糟糕的开始。认识到这一点的途径是思考不受法治影响的生活,因为法律与行使权力的方式无关;或是因为它是一种妨碍法治结果的存在；又或是因为，这是很常见的，法治在一个社会中分布不均，很少偏爱那些可能从中受益最多的人。那些法律没有规制到的地方尽是暴政、非自由民主国家、失败的政府、任意行为却无法抑制权力扩张的国家，以及种种不受法律控制的利维坦社会。而且，即使在法律和规则具有重要意义的地方，如前所述，更多的是通过法律而非出自法律。法律是行使权力的工具，却无法约束权力。同样，我们谈论的是程度上的变化，程度固然重要，但法律角色的变化也是巨大的。因此，也存在一些弊病。想去规避那些弊端的原因有很多，法律又能做些什么呢？

二、做什么？

法治的要素数目激增，且彼此之间存在巨大差异。有一些在制度层面略显薄弱，另一些则偏重实质层面。前一类常常不胜枚举，后一类的丰富使得我们无法在法治与非法治要素之间进行清晰界定。然而，中间的模糊地带是可以分析的。它需要与法律有一种特殊的联系，以免将法治等同于任何善的治理，否则我们就没有必要提出法治的概念了；我们已经看到这种具有法律相关性的价值观的诸多优势。并且，它需要法律的规制，这会对法治终极目标的实现有所裨益。

除非限制和行使权力的方式制度化，否则我所认同的既可以有效实施权力，又可以使其任意性受到有效限制的情况未必会发生，特别是在规模庞大、情况复杂的社会里。想让这些制度合法化，就是要想方设法让法治凌驾于那些至高的权力之上。它必须包括（但不限于）对政治权力行使者的统治，虽然法律恰恰是那种政治权力的工具。并且，若你认为那些统治者主宰了法律，那么法律也必须能够统领他们。试图对这些特殊的地带进行反思正是试图将法治制度化。

82

律师和法哲学家们已经提出了许多配置法律的方法来实现这种尝试,这里我讲三种方法。第一种是通过让法律具备特定的形式特征。第二种是确保法律包含一些程序性保障。法哲学家倾向于强调形式要件,律师则关注程序要件。如今沃尔德伦加入了律师阵营,程序可能会获得更多法哲学家的关注。第三种是由詹路易吉·帕隆贝拉提出的,将法律中的特定"二元性"制度化,这使得作为统治工具的法律和作为法律部门的法律可以保持衡平,至少不会周期性地、轻易地、任意地在统治者权力下发生改变。下面我将逐一展开分析。

法律以下列一种或是两种方式发挥作用。一种是中心—四周辐射型。无论民间和官方之间是否有所关联,法律会向更广阔的社会空间发出信号。另一种是四周—中心聚拢型。它让人们以某种方式与国家机构直接相连。当然,这两种类型之间有重大重叠和交叉的内容。人们对于与官方机构的直接关联,以及对这种关联的理解,会受到法律机构所发出的信号本身和人们对其进行的接收、解读的方式的影响。与之相对,在法律系统内部发生的事——那些案件、审讯、警察行为——显然会影响那些与之直接接触的人:诉讼当事人、原告、被告、受诽谤之人、受攻击之人、自愿或非自愿被法律公务人员带来的人、牵涉其中的警察(他们本身即被派至社区以扩大法律的普及范围)。然而,法律的信号也会辐射到更多未曾踏入过法院一步,甚至没有见过警察,却仍受到法律本身以及对法律的理解影响的人。

解读富勒"法的内在道德性"的方式之一是一开始就将其视为中心—四周辐射型。如果要向无限数量的人发送法律信号,并希望他们能够在框架内行事、受法律约束,那么他们需要首先了解法律,然后才能信赖它。可以看出,符合富勒的八条原则且有实效的法律是可以被事先获知的。将富勒的八条原则视为偶发条件的专制性权力的任意裁决或行政决定——认为这八条原则只有在权力行使者需要时才有效——并不满足上述条件。

沃尔德伦已经着手在补充富勒的法律形式特征清单，即他所指的"程序特征"。他的想法与许多认为法治不仅限于是一种学术的、奢侈的消遣的人不谋而合。法治有两个层面的内容，这两者在我看来都非常重要，却常常被学者所忽略，甚至稍后我也会对沃尔德伦的答案是否符合这两个层面而提出疑问：

> 迈向法治不仅仅是指逞唇舌之利，达到现代民主繁荣的一般性安全；而且它意味着要将法治延伸至并不熟悉它的那些国家；至于那些熟识法治的国家，则要将法治渗透到政治治理之下的每一个黑暗角落。

> 当我留心倾听世间那些对法治的评论，我的内心因为一个现象而感到不安：人们所关注的法治要件，并非法哲学家们在学术文章中所阐释的那些。

沃尔德伦程序要素的清单将我之前提到的将法治规范化的意向具体化了，以确保人们与法律制度接触时，其主体地位可以实现。他们会拥有——至少我们认为他们会拥有——自己的内心世界和法律必须适应的特定"世界观"。这种程序性价值有很多，但它们一方面包含和围绕着基于证据、辩护原则、无偏私法院主导下的公正审判权利；另一方面在审判中由一系列展示、表达、被律师代表、质询证人证据、听证并申诉的权利。

第三种方法试图通过权力的天然工具——法律，来实现这种约束并引导权力（包括法律权力）。这在法治的英国传统中是古老的，并且最近已引入了其他国家。最近，詹路易吉·帕隆贝拉已经对其基本原理进行了挖掘和阐述。据此传统，法治的目的是"防止法律变成一种纯粹的统治工具，一种可管理的政治垄断和工具主义的仆人"。除服从政府意志的法律之外，还需要有"'另一种'积极的、位于（立法）管辖视域之外的有效法律，它由普通法的长期传统或更高阶的'宪法'保护，等等"。普通法作为最高阶的法律（虽然也仍旧是法律,而非道德),保护权利不被追求统治目的的统治者所压制,这是法治理念最古老的制度化意义。写入和结合宪法则是最近的例子。以上所有,统治者都会被一些确实是法律却又不会受它管制、被它意志左右的法律所约束。这种概念,即帕隆贝拉所强调的这种二元性,在欧洲法治国家中是缺失的,人们错误地理解了法治,直到 20 世纪宪法的广泛制定,才得以纠正。如果没有这种二元性,一个国家可能会将富勒的非任意性标准作为其规则形式,而没有任何凌驾于权力之上的约束措施。它最终可能会对减少统治、恐惧、无尊严和混乱无能为力。它会简单等同于官员实施国家权力,处理国家事务整齐划一、可靠可控的路径。简言之,这就是韦伯对形式理性法律中的现代欧洲国家利益的看法。

我选择这三种关于法治是什么的观点,是因为它们每一种都抓住了法律可能有助于法治的方式,也代表了一种对法治及如何实现法治的思考的不同传统。还有,每一种都与某些法治所服务的价值的大致特点相关,而不仅仅是偶发的预测。实际上,每一种观点都避开了制度细节,转而支持法律命令需要通过许可的目的论测试:当你做出行为时,得能够知晓法律;即使在一些情况下达到了这些目标,法律也必须像对待一个有尊严、有自主观点的人一般对待你;法律应在追求善与保障权利之间将一种平衡的状态制度化。我设想这三种观点提供了一个日渐丰满的法治概念,以及可能有助于我们实现法治的法律的一般特征。然而,法治的一些基础性内容仍存在缺失。虽然我把这三种观点作为最杰出的版本,但其他关于法治的观点大多数也仍受阻于同样的缺失。

三、去哪里?

我注意到了一种趋势,又或许这是一种最近才出现的趋势,即让法治研究接受地理学术语。比如帕隆贝拉和沃克(Walker),寻求对法治的"再定位"。上文提过的这本书希望能够"迈向法治"。虽然,学者们遍寻法治已久,但并未发现其踪影。也许,我们应当将目光转向其他地方。

这不足为奇,因为大量影响法治的因素都存在于法律制度之外。其中包括众多法治的渊源,法治的威胁和法治达成的诸般好处。对法治的说明只涉及法律制度、规则和实践本身,并且将其视为由法律执行者释放出来的毒素的解药,这种说明会忽略掉大量关于什么让法治成为可能、什么对它产生威胁和什么让它有价值的内容。

这是富勒对《法律与社会运动》以及"法律与社会"研究的睿智批驳的一个具体例证,该文题目实际应作《社会中的法律》而非《法律与社会》。此处代表的不仅仅是语义上的内容。关于法治的一个最基本的事实是,在法律制度中找不到一些最深刻的条件,甚至是最重大的结果。我从条件开始分析。法治的萌芽需要培植,也需要与当地的生态同步。不能将法治强行植入,虽然它是可以被推行的,并且法治的进程既取决于它周围发生的事,即法治小环境下的特定事项,也依赖于法治本身的特征。这一事实是被那些没有成功做出区分的人所普遍忽略的,而这一现象在罗伯特·库特(Robert Cooter)的《国家法的规制与法治国家》一文中有很好的剖析。这是我们想要的法治国家、国家法律的规制,以及有些情况下我们通常所指的没有任何法律的规制。

因为法治依赖于众多官方行为和正式制度之外的东西,还有许多不是我们通常认为法律框架内的东西。正如阿马蒂亚·森(Amartya Sen)所述,他在世界银行颇有影响力的演讲中提到:

> 即使我们考虑特定领域的发展,例如经济发展或法律发展,在这种领域内加快发展所需的要素也不应仅局限于该领域的制度和政策……如果这听起来有点复杂,我必须说,这最终与我们生活的世界的相互关系有关。这个世界不是我创造的,而解决

这些问题也需要另寻他法。

这并不限于那些初现法治之光的国家，而是普遍存在的，虽然并未常常受到法学家和法哲学家的关注。因此，沃尔德伦希望对"通常使用的术语"保持信心，并认为法律"通过制度走向生活"，这对于那些司法制度是十分重要的。汤姆·泰勒(Tom Tyler)的研究认为，沃尔德伦强调的价值是人们视之甚高的价值——至少在他们上法庭时如此。然而，普通人与这些制度关系不大，他们会要求法律在人与人之间和人与官员之间的日常交往中产生有益影响。而法律的运作显然在很大程度上依赖法律制度，法律的生命力在于、甚至尤其存在于法律践行者陈设考究的家中，存在于法律制度之外的法律也并不少于法律制度之内。此时，法律是有生命的。

因为，许多中央法律制度的重大影响(特指产生了这种影响的制度，而非所有制度)是发生在那些制度之外的。反过来，这些影响在不同程度上依赖于国家法律与现存的非政府组织结构、行为规范、组织网络相互关联，并对其进行反映、放大和废除。不可能人人都会认真听取立法机构和法院针对冲突矛盾的实际情况和潜在来源作出的陈述。即使人们有理由去特别关注这些渊源，也还是有许多其他噪声制造者，甚至有一些比政府的声音更大、更接地气。而政府本身也常常会制造噪声，它们大多数存在于法律之外，或与法治相悖。

无论何时，只要法律想要进行规制，那么每个社会都有许多种潜在的规范、结构、文化和制度上的合作与竞争，以及它们内部及彼此之间的相互作用。人们将如何解释国家的法律并对其作出回应，相较于其他影响，人们如何评价国家法律——这些事情部分取决于国家法规定了什么，规定如何做出及立法者的立法意图是什么。人们对国家法的反应会以复杂多变的方式做出，并取决于法律能够如何、以何种形式、用何种力量来排除这些干预因素，如何协调与假定的法律接受者之间的关系，以及如何对待那些极端的、反对的、抵触的或是有敌意的信息接收者。

并不是说国家法不重要。它通常是极其关键的，但它到底有多重要，以及这种重要效果究竟在何处显现，十分依赖于它实施干预的复杂的社会、经济、政府环境。

危　害

约瑟夫·拉兹（Joseph Raz）将法治描述为"基本上是一种负面价值……仅仅是为了用来最小化法律在追求其目标时可能造成的对自由和尊严这些正面价值的损害"。这在我看来是错上加错。以法治为解药的这些损害是权力的滥用造成的，而非仅仅因为法律。在没有法律干预的情况下，即使是国家，也有许多方式可以行使、使用和滥用权力，除非将国家的行为都定义为通过法律实施的行为。法治旨在从源头排除其他非法途径。这样做是必要的，但在任意性权力当道时，这并非易事。

进一步讲，在国家和法律之外，有更多滥用权力的源头。拉兹只考虑到了国家权力，但即使是那些反对他"法治负面性质"观点的人，也普遍将国家视为法治的最原始威胁的来源。毕竟这是常见观点。但权力的其他来源呢？应当考察的难道是它们要做什么，而不是它们来源于什么吗？

如我所说，如我们所见，无约束的权力的任意施行产生的重大威胁可能与国家无关。事实上，他们需要有效的国家干预，通过干预有效实现"法治而非人治"。这是罗宾·韦斯特（Robin West）对沃尔德伦的有力回应：

> 法律有诸多可为之事，但其核心功能之一是保护个人权利不受剥夺——这种剥夺并非来自滥用职权的国家官员，而是来自不受约束的私人、公司或其他主体。如沃尔德伦所说，法律确实会侮辱、惩罚、追责等。然而，法律同样会确保个人因其他人

88

的过失而获得补偿,并至少在大部分时间保护他们免于个人暴力侵害。有时,法律表现优异;有时,法律只发挥零星作用,甚至无效。我认为,一个社会如果想让法治规制行为——而非让更强盛、更虚假、更丰富、更有惩罚性、更暴力……的权力去规制——似乎应当让法律尽可能地发挥作用。那么,有人认为,法治研究应当包含这些理念……

89　　　……我们想从一个遵从法治的自由主义国家得到的,不仅仅是不忽视我们的主观意志,不排除我们的参与而将其意志强加给我们。我们也想要一个遵从法治的自由国家采取一些让我们在家中和社区内获得的安全保障,以对抗私人暴力;我们想要相当程度的商业交易的公平性;我们想要私人生活的幸福感和不被更强大的私人主体剥夺权利的自由。

韦斯特的观点适用于每个——包括我自己的(和你们的)社会,只要那是一个相对有效率的国家,或是众多充满冲突的、冲突后的、变革中的、无法尽到国家责任的国家。法治将在那里成为灾难的救赎,这些灾难更接近于霍布斯而非洛克描述的场景。

好　处

只有当法律对周围的世界产生影响,才可以说它真正实现了治理职能。如果法律没能做到这一点,那么即使其设计得再精巧繁复,也是毫无价值。如沃尔德伦曾强调过的那般,认真对待诉讼当事人并为他们审理案件固然重要,然而,它的社会意义被低估了,无论是争议的数量还是质量,这体现在法律所保护或对抗的那些从未踏足过律师事务所(更别说法院)的人身上。一个社会中的法治是否已经实现,可以通过下列事项的内容、完成质量、效果来评断:公民与国家间的交互行为,以及同样重要的,公民彼此间的交互行为。

社会学家是很了解法律的,有时候就是太了解了,甚至会夸大国家和国家法的重要性。史学家 E. P. 汤普森（E. P. Thompson）对法律也有很好的了解，但他却规避了这个错误。汤普森是一位左派人士和前马克思主义者，他因为在《辉格党人与猎人》一书的结尾处称赞了法治（这是个有争议的观点）而激怒了曾经的同僚。在这个问题上我是完全支持他的，但我想提一个《辉格党人与猎人》中的这个著名（或是声名狼藉的）结论没有受到重视的一面，他反思道：

> 任意性权力与法治之间存在区别。我们应当揭露那些隐藏在法律之下的虚假和不平等。但法治本身，在我看来，也是一种不适格的人类善，尽管它会对权力施加有效抑制，并在公民遭受权力侵犯时进行自我防卫。

注意汤普森论述的起点：法治的重点不在于结构。也许幸运的是，汤普森不是一个律师，也不像大部分分析法治的人，他没有试图列出何种法律要素导致了他所赞颂的有益结果。相反，他坚持"明显的观点"，即"任意权力与法治之间存在差异"，并指出后者是通过目标价值来确定的，而不是通过任何结构或原则来确定的。汤普森通过法治的好处来确定法治——"对权力施加有效抑制，并保护公民免受权力的侵入性主张"。只有当法律和法治在某种程度上产生了重要的差异时，法治才会这样做。

那么他又从何处找寻到这种差异存在的证据呢？并不是在特定的法律规范或法律机构中，他认为此二者一直被"一党独大的辉格党制造……并扭曲"，"以使其自身的财产和地位合法化"。同样地，那些寡头政治集团无法达成目标；它的双手常常被它试图利用的法律所缚。汤普森是如何作出说明的？通过描述法律机构和法律规范的特点、诉讼当事人的经历，还是法律内部的平衡？非也。相反，他收集了一些有帮助的事实，如：

> 我们常常讨论的并非与无权利相对的、由法律规定的财产权；它是财产性权利的一种替代性定义……法律指的常常是一

种实际存在的、实践中的定义,如它"自古以来"所秉承的那样
……究其根源,生产关系基础中的"法律"也是十分复杂、难以剥
离的。并且……这种法律,无论作为定义或规则,都是由规范授
权的,在社会中持续传播。

正是这些社会事实让汤普森宣称,"通过法治来规范和调解冲突
的概念——以及对时而会围绕目标做出相近规定的规则和程序的详
尽阐述——在我看来是具有普遍意义的文化成就"。"文化成就"是
一个很恰当的术语,虽然它比真正牵涉其中的文化范围更大。汤普
森寻求例证的方向是正确的,而不是描述那种偶然性的、特定时间下
的、制度上的细节,并避免将这些细节作为法治的普遍意义。

四、谁在乎?

截至目前,我已经将我的法治的"社会—目的论"研究和上文提
及的、更具有普遍性的"结果—制度"研究进行了对比。但我也提到
了,文中还有许多其他有争议的观点。实际上,参加了这么多年的各
类法治研讨会和讨论会,我常常回忆起那些芝加哥帮派电影中的经
典桥段:警察猛拍大门问道,"卡蓬(美国黑手党老大)先生在吗?"对
方答:"你是谁?"我觉得,针对法治展开的讨论也应如此。法官指向
一边,立法者指向一边,税务律师指向第三边,刑事辩护人和阿富汗
军阀受害者或俄罗斯寡头政治的受害人一起指向第四边——每个人
都在讨论着同一个话题。这种现象可以用差异性来解释,这些差异
存在于不同的地方性问题以及同一个巨大现实问题下不同的狭窄视
角之间,就像盲人摸象的故事。还有一些我们已经探讨过的概念也
尚存争议。

但是,我认为理论方法之间存在一种系统性的区别,例如在法治
这个影响力巨大的概念上。它提出了不同的着重点和优先事项,适

用于不同的风险，也需要虑及不同的制度策略。我所指的这种区别存在于那些首先要规避未知之恶的做法，和那些寻求安全感和想巩固、扩展已有的善的做法之间。有两种不同观点。其一是在达成目标的途径之间存在区别；它们也许会被误称为"消极的"和"积极的"，或者"防卫型"和"扩张型"手段。其二是两种不同的情况之间的区别，人们在两种不同的环境下去思考法治并寻找法治的目的。一方面就是如何在任意性权力尚未出现，也没有出现征兆的地方实现法治，以减少任意性权力的实施；另一方面是如何在法律已经较好地约束了任意性权力的地方提升或扩展法治。

92

避恶扬善

达成目标的方法之一是捕捉那些恰当而全面的事例，约翰·罗尔斯(John Rawls)很好地运用这种方法剖析了正义。无独有偶，朱迪思·施克拉和阿马蒂亚·森也都发现，虽然图书馆里论述正义的哲学作品数量可观，可研究非正义的却屈指可数。于是，施克拉感慨于那些数不胜数的论述正义的哲学和艺术作品：

> 非正义又在哪里？诚然，那些布道辞、戏剧和小说很少涉及，但艺术和哲学似乎根本回避了这一话题。它们自然而然地认为非正义仅是正义的缺乏，一旦我们知道什么是正义，一切问题就会迎刃而解。然而，这种观点也许并不正确。人们若仅关注正义，会忽略很多问题。非正义的内容、识别非正义受害者的困难性以及我们惯于忍受对方不正义的方法都会被忽略……为何我们不直接思考那些我们称之为非正义的情况呢，并把它们作为独立的现象去处理呢？……事实上，我们大多数人都可能会说，"这不公平""这不正义"远多于"这是公正的"。当我们切身感受到非正义之时，真的就无甚可说了吗？那么为什么大多数哲学家拒绝像对待正义那样深刻或微妙地思考非正义呢？为

何大多数哲学家拒绝像他们自己能够感受到的那样,深刻而细致地思考非正义呢?我并不理解这种古怪的风气为何会传播开来,为何哲学家会在历史和小说忽略非正义时也无所作为,但它又确为我们的思考留了白。

93

施克拉所偏爱的另一种开始的方式是,想要达成一种价值或理念,可以在获得一个理想的范例时更少地关注它将我们带向何处,而更多地思考它从哪里来及如何保护它的渊源。虽然他并未强调这一点,但菲利普·佩迪特也明确了共和政治的目标就是无支配:"自由的条件被解释为一个人,不同于奴隶,不从属于他人的任意性权力,不受他人支配。"

阿马蒂亚·森对"正义理念"的研究始于相似起点。他认为,我们大多数人不是有感于"世间缺乏完全正义的现实——虽然这是我们都不希望看到的——而是在我们周围存在的完全有可能矫正的、我们想要消除的非正义。"他坚称,理论研究应多加关注这种倾向。

同样,马各利特(Avishai Margalit)探讨了文明社会的本质特征。他对文明的概念是消极定义的;文明社会并不是指制度尊重每一位社会成员;而是制度不会侮辱任何一个依赖他的社会成员。马各利特审慎而系统地回避了对这些目标给出一个积极定义的做法。他的概念是在消极政治下的实践,通过规避其消极的方面而寻求某种价值。文明社会就是一个远离了不文明的社会。

马各利特对于这个问题的态度是十分明确的。他问道:"为何要消极地描述一个文明社会,比如它不侮辱社会成员,而不是积极地进行描述,比如尊重他们?"他给出了三个原因,一个道德上的,一个逻辑上的和一个认知上的。我认为第一个是最重要的,也是对其他道德理念的概括。即"在避恶与扬善之间存在一种重大的不对称性。消除造成痛苦的恶比制造有益的善紧迫得多"。

除了存在这种紧迫的不对称性之外,我想补充一种认知的不对称性。不受任意干涉和镇压的自由，其重要性常常在缺乏这种自由时能够被更好地理解。在基本恶已经被消除的地方，很难发现它们的踪迹。生活在市民社会和法制社会中的人，可能会有更多、更大的抱负，但他们时常会发现，现实是难以想象得更贫乏、更糟糕。然而，正如亨利·詹姆斯（Henry James）所说，对于那些不懂"居安思危"的人，这个世界必定会让他们大吃一惊。法治的可贵之处在于，它会减轻某些灾难。为了让我们有备无患，也为了对法治这一价值有更整体的认识，我们应当认真思索，什么能够带来这样的结果。

94

　　我想，这是一个好的开始——不是终结而是开端。霍布斯开始这样理解君主制的价值：他试图想象没有它的生活。也许我们并不赞同他最终的落脚点。洛克也是如此，但像洛克一样，我们可以学习霍布斯研究的出发点。他们二人都挑战了权威，和施克拉一样。这不是你需要的唯一技能，但这是一项宝贵的技能。

　　通过经历或力图想象没有法治的情境，可以让我们获益良多。人们将错过（或已经错过了）什么？法治对现状的改善有什么贡献？这种贡献需要法律做些什么？毕竟，当法治有所贡献时我们很难察觉，只有在缺少法治时其贡献才更易识别。在没有法治时，我们也更容易发现其价值，即使对这种缺失的弥补让我们对它更加渴望。既然如此，我们就应该寻求更多。但是，我们不应退而求其次。

　　结果可能是，无论开始时是积极的或消极的，我们在衡量其价值时，都会参照其他施行了法治的地方。从哪里开始就应该在哪里结束这种观点是不正确的。一个公正的社会应避免明显不公正，同时也是行事公正的，并且这从不是一个可以彻底完成的工作，但总还是可以精益求精的。

　　最终，我自己的概念偏见是跟随菲利普·塞尔兹尼克的，虽然他非常关注社会繁荣与制度繁荣的评价标准，但他的研究与施克拉、森和马各利特始于同一起点，并仍在推进。塞尔兹尼克说，走向繁荣之前，我们必须首先理解并确保生存或存在的条件和底线。当这些条件都得以保障，我们应当树立更高的目标，并且我们也有了更好的能力去实现目标，这样风险就会较小。我们不应在一种夸张的信仰的支配下，满足于小小成就。在理想的状态下，一个社会的制度的复杂性不会让它满足于仅仅达到实现法治的最低程度，而更会想要它的繁荣发展。当达到最低标准后，那么令我们可以做得更好的激励也就不复存在了，继而只会越做越糟。此外，当那些条件没有得到满足，避免它的恶化就是一个主要、迫切和不可避免的目标了；其他的都排在后面，紧急的事情要先做。

各归其位

现在，无论从哪里开始想要研究这种概念上的问题，对法治的关注点都是十分务实的。并且，从实践层面讲，关注塞尔兹尼克所说的基准线、存在条件、生存条件和适当繁荣之间的差异是十分关键的。目标不同、紧迫性不同，但对法治的威胁是相似的；需要做些什么去消除威胁、保障自身也不尽相同；消解最大的恶的制度意义与巩固那些已得到保障的善是不同的。每个人对达成法治的标准也千差万别。最高成就听起来比最低成就厉害得多，但它们都比毫无成就要好，它们都为进一步的成功奠定了基础。制度发展中存在着自我延续的螺旋结构：若法治的一些因素已初步存在，那么它的进步和巩固就更易达成。相反，若缺失这些因素，即使有时我们会想象出其他情景，法治也难以发展。因此，对于那些想确定法治基线的人而言，一种"消极"概念的建立也可以是重大突破，因为一旦成功，他们可以延展出更多"积极"的抱负。

当然了，我们应当尽我们所能地（不让情况变得更糟）努力让两者都实现——守住基线并力求发展。然而，人们常常想象两者要面临同样的风险，两者适用同样的目标，并因此认为两者需要同样的工具。为何如此呢？我们可能需要做的就是规避最差情况，或者像施克拉所愿，进行"损害限制"，这可能与达到更高要求而需要做的事情很不一样。

在法治的价值与实践发挥深刻作用的区域，法律的规范有很大不同。并非每项法律规范都会镶嵌进制度、行业、文化、社会结构之中，而造成这种局面的原因在各地也不尽相同。这说明两件事。首先，霍姆斯对俄罗斯的观察可以推广至其他法治贫瘠的社会：

> 律师接受培训，以解决日常程序中的常规问题。培训不是有创造性地反馈复杂制度的紧急情况或稳定性程度的，这种稳定性是律师业的预设条件。因此，常规的法律培训并不适用于俄罗斯法律发展中的异常问题。问题不在于俄罗斯的独特性和例外论，而是相反。与其他任何国家一样，俄罗斯的法律改革如果不关注社会结构、地方基础建设、专业技能、整体逻辑、政治支持等，就无法成功。所以仅凭法律知识是远远不够的。

因此，也许社会中其他因素的重要性反倒比法律（也即法治）更胜一筹。

其次，是律师的洞见若与"法治贫瘠"国家相关，则他们可以在不那么敏感的时间和场合，支持那些保守派十分看重而激进派嗤之以鼻的合法性概念。如塞尔兹尼克所说：

> 制度自治实际上是法治的重要保障。法官审判、律师从业、事实调查、规则制定，这一切都需要隔离可能会破坏它们的各种压力。20世纪的诸多迹象已经表明，法律自治是实现正义的必要条件。我们那个时代的独裁已经表明，压制型法律已成历史。那些政体中的直接被害人已经成为法律环节中的一个独立部分，例如，在东欧（或南非）争取自由的斗争的重要议程是建立或重建能够抵制政治操纵的法律机构。对于那些遭受压迫的人而言，认为法治是"资产阶级的正义"或"自由的条文主义"的人只

96

能被视为太天真或太无情,或两者兼而有之。

另外,在强大的法律秩序下,如西方自由民主社会中,有大量受过严格法律训练的人,受到强大的法律制度约束,在强大的法律专家中工作,受强大的法律价值观影响。西方社会的法律法规是对数个世纪沉淀下来的价值、内涵和传统的输出。通过法律规范确立的核心价值也是法律价值,并且这些价值已经展示了相当程度的顺应力和能力来对抗那些试图侵蚀它们的力量。

法治国家与那些法治状况普遍低下的国家不同,不需要有强烈的、紧迫的担忧,因为在世代共同建设下他们的状况是比较好的。当然,他们也想在现有基础上进行提升,并且,由于法律的基本条件已满足,他们往往专注于法律制度的改革。这不是因为他们生活在一个完全不同的世界,而是因为一些普遍存在的问题在他们的国家已经得到了解决,让法律在他们身处的环境中发挥作用的方法也许并不适用于别处。其他的问题和机会也相对具有优先性。这也许就是为何这些地方的如此多的法治问题,鲜少涉及法律实效的其他法外条件。只是不知他们的观点能传播多远。

此外,在这些较优的环境里,向法治的拥趸开放的学说观点更胜其他。如塞尔兹尼克所说:

> 在实现这一目标的情况下,法治的稳定性使得更广阔的愿景和更高的愿望成为可能。在不贬低我们的法律传承的情况下,我们可能会问它是否充分满足了社会需求……只要该制度基本稳定,可以适当接受一些关于社会正义的制度风险。

这说明并不是每一种潜在的威胁在不同的法律规范中都是同等突出的:有一些会更具有威胁性,有一些则不。同时也说明不同威胁可能需要不同防御措施,更遑论我们不仅是想抵御威胁。当然,即使是法治程度很高的地方,法治也可能受到严重侵害。恐怖主义发动的战争,就是提醒我们在这种环境下骄傲自满有多么危险。然而,还有许多令我们引以为戒之处，暴政中的地区、失败的国家、不自由的民主，等等。

法治富裕国的保守派，怀揣对现状即将恶化的疑虑，常会对一些情况反应过度，如将一些实质性问题投射到判决或裁量权上面，更如一些国家福利会侵蚀富勒提出的法律要件。如我所述，这些都确实对法治构成威胁，但也仅在其式微或孤立无援之时才会成立。这并未体现出法治真正依赖什么、受到什么威胁，以及缺乏法治意味着什么。另一方面，来自同一个社会中的激进分子（他们认为上诉判决中的一些不确定性体现了法治的欺骗性，或者至少是缺乏法治的证据）对于在没有良好衡量标准时，生活的真实情况表现出一种轻率的态度。这就是我的观点。

富勒认为律师是社会的建筑师。他指律师既构建了当事人之间的合同关系，也设计了公共法律机构。至少对于后一种关系，这个说法有些夸大其词了，因为至少还有两类团体牵涉其中。在传统社会和后冲突社会中的法治提倡者想当然认为应当在法治并不存在或已然支离之地建立法治，但有时，更困难、更艰险的是在法治已经根深蒂固或已成为日常生活之地建设法治。此时，它们已真正融入社会结构，常常是充满对抗性的、难以调和的。① 那些比较幸运的、法治状况好的地区也有很多值得抵御、保障、维系、改进和推广之处，然而相比之下，这些是天然存在的、需要修复的地方。它们也许需要大修大改，但总有一些可着手的材料或结构。这些行为与它们的一般性目的——降低权力滥用的可能性——的终极目标在不同的环境下并非全无关联，但适当的实现手段却千差万别。

99

这指出了我勾画的两重情境的另一个差别。在那些法治早已实现的社会，错误的估计并不会造成太大影响，因为此种社会在很大程

---

① 我特别关注的是批判性法律研究，现在这个运动的风潮已过，但偶尔会有回响。参见我的《批判性法律研究和社会理论——对艾伦·汉特的回复》。

度上依靠自身力量纠错。然而，对于充满矛盾的、冲突发生后的或处于转型中的社会而言，它们正致力于建立或发展法治，这些问题可能是灾难性的。那些最急于寻求法治的地区最终获得的并不是一系列法律技术，而是一个结果：一个法律可以对权力的任意施行进行有效制约的良性国家。

简言之，思及法治在各种环境中的普适含义，我给这篇文章，而非这个议题下一个结论：法治的价值的普适性，实际是关于如何实现法治的。法治的真正可贵之处，也即施行法治的原因，不在于这样或那样的法律事务，而在于一个结果，一种情势，即法律在某些领域的适行之道。如何形成这种情势是复杂的，也常常是神秘莫测的，会随着不同的时间、地点发生变化。特别是，它在已经建立起法治之地与想要建立法治之地会有所不同。不变的是，它取决于我们所认为的法律制度之外的许多因素。

第二部分

保障或恢复"9·11事件"后的法治

第五篇　分权模式与国家安全制度

本杰明·克莱纳曼

虽然布什政府的宪制斗争如今似乎已是明日黄花，但因这些争论而浮出水面的宪法问题仍然存在。这些斗争的实质是法治与维护国家安全之间的微妙关系。维护国家安全的重要性，使布什政府不断强调对法治状况的担忧。平心而论，呈现这种态度也是情有可原的，尤其是对于一个在执政的第一年就经历了一次死伤人数巨大的本土袭击事件的政权。关于布什政府，杰克·戈登斯密斯（Jack Goldsmith）在一本重要著作中写道："很难去夸大持续性报道对管理层的影响，而他们本该肩负起保护美国民众的责任。"戈登斯密斯的观点部分基于他也曾在体制中任职的经历，尽管其最后以受到批判而告终。这种批判还伴随着对下一次袭击的担忧，担忧另一次袭击的威胁可能会令政府失去更理性的判断。他认为，当局的反应是"一种自然反应，出自本应对美国民众的安全负全责，但对下次恐怖袭击将如何发生、在哪里发生又一无所知的管理层"。

在权衡如何在"后9·11时代"保障法治时，以这种对威胁的自然反应为起始，是十分有效的，因为它们揭示了当局反应的普遍性。换句话说，与一些人的想法不同，"后9·11时代"的法治恢复需要的不仅仅是布什的离开。戈登斯密斯的观点实际上阐明了一国政府履行职权——特别是为了保障国家安全——的限度在哪里。从某种意义上看，有人可能会说对布什政府凌驾于宪法之上的行为的最终指责，实际上是基于它的宪法责任本身。奥巴马政府带着将会有别于前任政府的承诺走马上任。而仍存在的那些可疑政策的数量表明，问题在多大程度上取决于政府的本质特征。当然，戈登斯密斯也适时地指出，布什政府的激进程度远高于其他政府，甚至也超过了那些同样专注于国家安全的政府。戈登斯密斯认为，尽管其他总统，如罗斯福，对国际安全的考量充分显示了他们希望与其他权力实体合作，但布什政府"对总统权力的认知有一种往往会超越政治含义的神学意义"。

这一构想的核心是总统认为的进行"反恐战争"所必需的所有内在合宪性的深刻内涵。然而，几乎每一届政府都会确立独立而广泛的行政权力。布什政府更加夸张，它还进一步规定了政府拥有一种阻却性权力——由国会违宪提供的、阻却其他权力的行政裁量权。在法治与国家安全之间的关系上，布什政府认为对国家安全的维系与法治密不可分。或者，按照惯例，法治需要依据国家安全的需求而进行重新解读。

这种观点目前来看是最高瞻远瞩的，但也是最危险的。而与此同时，布什政府似乎也是独特的。我们并不知道一切是否会随着布什的离开而恢复原样。我认为，出于两点原因，我们不能满足于这个结论。这两点原因都源于 20 世纪的行政命令，并从中分离出来，成为基本的法外空间——一个产生于政府权力并对其进行全新阐释的决策，即无论一个部门做出何种决策，都必须经过其他部门同意。首先，对"特权"的永久性需求意味着布什政府坚持的一种排他性权力来自这种统一的政府权力概念。当国家安全需要行政来打破特定法律时，旨在隔离总统裁量权的立法将会是违宪的。约翰·洛克的观点是正确的：需要有一种权力"为了公共利益，在没有法律规定的情况下，根据自由裁量权采取行动，有时甚至与之相悖"。政治事务的不可预测性决定了它需要一种有行动力的权力，法律也不能，或不应拥有这种能力。若政府权力是统一的(我指的是政府做出每一次行动都被作为一个整体去看待),那么行政裁量权的必要性将使国会可能采取的违宪行为在行政裁量行动上建立永久和不可破坏的界限。若每项行政行为都必须经国会同意,并经由最高法院核准才能视为合宪,那么布什政府费心坚持的行政裁量权的天然排他性认定就是正确的。在通常情况下,行政裁量权可以接受来自另外两个部门的限制。然而,在需要行使特殊权力的特殊情况下,行政裁量权必须能够突破这些限制。如果这种超越法律限制的能力必须在法律中予以认定,那么布什政府就有权坚持其违反法律的行为。相反,即使总统不那么强烈坚持行政裁量权的天然排他性,一个统一的政府权力概念也会致使国会和最高法院在立法与裁决中不再针对行政权的膨胀,而给它足够空间对国家安全事项作出保留。在 20 世纪的大部分时间里,关于国家安全的各类事务,三方权力之间都保持着这种状态。除了少数例外情况,国会和最高法院都接受了这种行政需求。并且,出于对国家安全而作出权力保留的立法考量,这种共识在很大程度上是可以被理解的。鉴于政府权力的统一概念,行政裁量行为的必要性会像一辆飞速驶离的蒸汽机车,将我们试图划出的所有界限统统捣毁。

110

因为对国家安全的渴望永不会减弱,特别是考虑到恐怖主义的持续威胁,对实质性法治的复兴要求我们认真对待这些需求。我会建议说这种复兴的关键时机在于重新揭示 19 世纪的分权概念和与之伴生的"法外"行政裁量权概念。矛盾的是,在这一种设定之下,国会和最高法院恰恰能够更加积极地限制行政权,因为这种限制不被认为是在消耗行政资源。在权力分立的情况下,行政部门保留了一种法外能力,可以在紧急情况下采取行动。然而,更准确地说,正因为它游离于法律之外,所以并不需要最高法院的批准或国会的授权。并且,与此同时,正因为它是非法的,行政人员执法时往往是在以身犯险。也就是说,与布什政府宣称的出于国家安全需要的固有的法律权力相反,行政行为法外裁量权只有在其固有的可竞争范围内才是内生性的。

在提出这一论点时,我会特别关注 19 世纪的法理学,并将其与 20 世纪司法机构所采取的不同方法进行对比。由于司法机构通常以这样的方式裁判案件,正如它会通过判决本身对国会通过的法律施加影响,法院是绝佳的入手点。尽管有人找到了无数 19 世纪早期的案例,表明最高法院非常愿意遏制行政执行权,但是现在,最高法院对行政行为和行政声明都呈现出一种默许状态。无独有偶,在是松诉美国案(Korematsu v. United States)的裁决中正是如此。接下来,我将阐释早期法理学与晚期法理学的差异在于法院对权力的定义不同。19 世纪的最高法院并不认为自己是最终"裁决者",在政府行为之后还可进一步有所作为。相反,最高法院在行动发生后很长一段时间内只决定了政府行动是否适当。法院无意于对何为国家安全所必需的政府行为进行验证或"预先同意",法院只就案件中的公民个人权利作出裁判。然而,如马歇尔在马伯里诉麦迪逊案中所述,这是他对司法审查的首次发声,只有在一个三权分立的系统中,国会和总统才有可能按照他们认为合适的方式行事,司法部门也一样。同样,矛盾的是,三权分立的系统令司法部门代表自己行事的机会远比在一个法院权力对其他势力或权力具有终审权的系统中更多。

一、19 世纪法理学的权力分立模式

在马伯里诉麦迪逊案中,马歇尔阐述了三权分立的学说,同时他也主张司法审查的学说。最先要说的是(这点不足为奇,因为有人之前已经提过了),马歇尔的司法审查学说与当今的司法至上主义大相径庭——尽管库伯诉亚伦案持相反的观点。但是,除此之外,只有在对政治部门各自的角色和权力进行微妙和深入的考量之后,该案才宣称司法审查的原则。即司法审查主张仅出现在三权分立的背景下。司法审查只是在马歇尔讨论司法机构职能时才出现。有人可能会说，司法审查从属于权力分立，而不像现在许多学者所说的那样，司法审查维护权力分立原则。

112

　　首先，马歇尔在马伯里诉麦迪逊案的判决中探讨了总统的权力。马歇尔写道："根据美国的宪制体制，总统在使用裁量权时被赋予特定的重要政治权力，这仅仅是他在扮演自己国家中的政治角色，运用自身判断时才有效力。"马歇尔又道："无论这种观点包括了行政裁量权会以何种方式被运用，仍旧不会存在，且不能存在任何管控那种裁量的权力。这些主题是政治性的。"因此，首先行政权力既是任意的，也是独立的。并且，在运用这种任意独立性时，总统只能以其政治身份对美国人民负责。同样，总统及其官员"永不会被法院审查"。

　　尽管如此，马歇尔仍旧审慎地限制了它的含义。作为布什政府提出的影响深远的行政权力的支持者，马歇尔接着提出，总统行政权力的独立性要受到一定限制，由立法机关做出。马歇尔写道："当立法机构继续强加给（由总统委派的）行政人员其他责任时，当他被指示强制执行某些行为时，当个人权利仍依赖于这些行为的表现时，他仍是法律人员，他的行为是合法的。"也就是说，总统的行政裁量权有必要受到立法机关相关法律的限制。因此，虽然马歇尔呼吁行政的独立性，但他仍通过提出立法权可以对行政的法律责任作出规定而对其进行了限制。

　　马歇尔在此暗示，"当法律赋予了特殊责任，且个人权利又仰仗于这项责任时"，立法机关制定法律尤为紧迫。立法机关对行政机关施加的法律及其对个人权利的影响，对此二者之间联系的关注，似乎来自司法机构在这些事项中的具体和不同的功能。马歇尔认为："关于权利是否有归属的问题，在性质上是司法性的，必须由司法当局来裁判。"显然，"认为受到侵害的个人有权诉诸本国法律，以获得救

113

济"。在国会可以通过法律直接限制行政自由裁量权的情况下,司法对行政裁量权的限制只能是间接的,通过对那些认为受到侵害并寻求本国法律救济的个人的案件进行裁判来实现。然而,虽然国会有更直接的方式限制总统,但可以说只有当个人权利受到侵害时,这些限制才有实效。国会的限制要通过司法来实现。

更重要的是,与 20 世纪最高法院作出的三权分立判决不同,马歇尔没有通过首先明确总统权力范围的三权分立理论来达成这些限制。对他来说唯一相关的问题是个人权利是否受损,以及此人是否拥有追索权,是否可依照该国的法律要求赔偿。司法机关只是简单地通过行使司法职能,最终限制了总统权力。矛盾的是,虽然我们的现代法学监督和抑制总统权力的目标更加明确,但它最终会变得不那么有效,因为它假定自己有责任确定权力的界限。马歇尔在这里不是要界定总统权力的边界。他明确指出,总统权力独立于他的判决。他认为司法应当只判断一个人是否有国家赔偿追索权这种具体问题。总统权力的限制问题出现了,但并不存在于权力均衡理论里,就像哈姆迪案的法庭判决一样,而是在于权利受到不法侵害的个人获得赔偿的事实中。换言之,对总统的限制不是出现在法院关于总统权力的理论声明中——马歇尔对马伯里案的判决似乎表明法院没有权力作出声明——而是出现于法院对自身职权的履行上。总统权力的独立性仍未受到影响。这些案件只会解决一个较窄的法律问题:个人权利是否已然因为与现行法律不符而受到了不利影响?这个问题的答案并未影响到行政部门本身的独立性。它只是修正了独立性的外在效果而已。

若权力分立原则只接受马伯里案中所谓的理论思考——毕竟,最终结果是马歇尔分析了宪法为权利的司法救助而进行的司法审查——那么,马歇尔是在利特诉巴雷姆(Little v. Barreme,1804)案的判决中将其付诸实践的。在这份判决中,我们可以最为清楚地看到,为何布什政府的最深远原则——认为总统的最高权力在宪法上优先于国会试图创设的针对总统战时权力的限制——与马歇尔对宪法的理解必然是无法兼容的。但是，我们仍旧看到了 19 世纪司法大胆而温和的风格。

利特诉巴雷姆案面临的问题是，根据总统的命令，一个官员是否可以扣押从法国港口驶来的船只，即使国会通过的法律是只能扣押去往法国港口的船只。重要的是，马歇尔认为，"若只有驶向法国港口的船只可以在公海上被扣押，那么法律将常常被规避"，并且出于这个原因，行政行为"更能发生实效"。马歇尔认识到并明确指出，会扩大执行范围的行政部门更能成功阻止法国船只。但是，尽管如此，马歇尔得出的结论是"行政指令无法赋予权利"或"将没有这些指示的行为合法化是一种明显的侵权行为"。行政机关的命令，即使它们只是为了通过立法达成更好的效果，也不会有任何法律地位并因此保护行政官员免于赔偿责任。

然而，即使判决的结果被指限制了总统权力，马歇尔也未就那些限制予以评价，本文之前引用过的那些除外。他没有对通过立法来削减总统权力的必要性武断地发表意见，也未提及国家安全的需求，反而仅就最初在马伯里案中的问题作出判决：个人权利是否会受到不符合国会通过法律的实际判决的影响？因为马歇尔确实作出了对制定规则的官员不利的判决。通过以这种方式裁判案件，马歇尔充分实现了司法职能，在保护个人权利的同时最大限度地保留了总统职能，即在这些案件中保护国家安全。当然，他也不是完全没有触及总统权力。通过在本案中作出对官员不利的判决，他暗示了，无论总统拥有何种权威使他可以在执政期间对下级发布命令，那些命令都不具有法律强制力，特别是当它们与国会通过的法律不一致时。另外，若是判决有了不同意见，那么它就会产生阻碍国会职能的效果，允许行政部门以有别于国会意图的方式解释国会通过的法律。通过坚持行政法律的构建不适用于确定案件的独立相关性，马歇尔保留了一项国会职能，即限制涉及国家安全时行政部门可以做什么的

115

法律。

马歇尔能够在利特诉巴雷姆案中作出如此判决，还有两个更深层的原因。首先，他作出判决时离事实发生已较为久远。因此，案件的裁决不会影响到他认定无效的总统命令。其次，马歇尔并不排除国会因官员行为而进行赔偿的可能。因为司法不具有终局性，可以无须担心案件最终结果是否正义而单纯依法行事。毕竟，如马歇尔在判决书中所说，人们都会认为，官员基于总统的命令扣押船只"应当……免责"。

在托尼（Taney）对米歇尔诉哈蒙尼（Mitchell v. Harmony，1851）案的判决中，另一种可能的政治赔偿变得更加明确。托尼基本上延续了马歇尔的三权分立法理学。比如，他像马歇尔一样，支持个人权利对非法侵害的对抗，且他也对行政裁量权的独立性不予置评。然而，在这个判决中，他比马歇尔更进一步，因为他思考了超出法律规定的行政裁量权正当化的条件。判决是关于一位将军在墨西哥与美国的战争中剥夺他人的私有财产是否正当。最高法院认定战争并不会使剥夺财产的行为变得正当，这类似于马歇尔在 1812 年战争中裁判的布朗诉美国案。但与马歇尔在布朗案中的判决不同，托尼并未考虑使扣押财产行为正当的条件。他写道："很难定义何种危难或必要情况能够赋予这种权力合法性。每个案件都必须由它自身情况决定。正是紧急情况使权力生效，且必须要证明紧急情况事先就存在。"然而，与当代法理学观点不同，托尼认为这个必要性的问题并不能由最高法院最终认定。他写道："这个问题之前就存在，这是一个陪审团已经通过了的事实问题，并且他们已然裁定，当被告剥夺原告的财产时，如法院所描述的危险或必要性并不存在。"换言之，原告在初始案件中权利的必要性问题由陪审团决定。这个问题是由法官在特定条件之下作出判决的。正如最初的论证本身所暗示的那样，这种判断只能通过个别案件中个别陪审团所作的判决来践行。这并不是一个由最高法院确定的抽象法律原则之下的问题。托尼认为，关于必要性问题的争论仅在具体案件的语境下才有法律意义。即使一个将军确实剥夺了对方的财产，也只有陪审团能判定他的剥夺行为在某些必要情况下是正当的。

话虽如此，托尼在这个案件中同样提出了，虽然将军没有必要——因而是无端地在战时剥夺对方财产，但他仍有可能获得救济。托尼认为，关键是这种救济不能也不应从法院获得。他写道："对于一位沉浸在对荣誉的渴求、对国家的忠诚和对军事行动的热衷之中，侵害了他人私权利的官员，社会对他的保护和救济不应由法院提供。那样的问题归属于政府部门。"托尼认为，法院只能裁判法律所允许的事情，即"法律是否允许剥夺财产以确保能够对抗公共敌人（行政长官认定其对公众不利）"。在本案中，"我们非常清楚法律是不允许的"。在利特诉巴雷姆案中，关键不在于什么原因会造成这个情况。私权利遭受侵害的原因可能有很多。然而，这些原因超出了法院的认定范围。法院作为法律机构，只能确定法律规定的内容。如果它们确定法律必须倾向于适应国家安全要求的方式，它们就不能成为法律机构。虽然在法律的适用中一定会给司法的自由裁量权留出空间，但涉及军事事务的特殊政治事件超出了司法裁量的范畴。

托尼与马歇尔的法理学指向了一个最近常常被法院提及的对"政治问题说"的不同理解。近期"政治问题说"已被法院作为一个规避对特定案件进行判决的手段，号称只能回到政府部门解决。我曾在其他文章中提到，这种处理"政治问题"的做法在一个法院至上主义者手中既自然又危险。说它自然，是因为它允许法院遗留一些诸如我们在马歇尔案中遇到的、超出管辖权范围的问题，但法院恰恰宣称在它裁判的所有案件上拥有最终管辖权。说它危险，是因为由一个决定了宪法含义的法院去行使权力意味着在这类战争相关问题上不存在宪法议题。但是，在19世纪的模式中，"政治问题说"并不排除法院判决。除非像马歇尔在马伯里案中所写，如果政治行为不违背法律或影响个人权利，那它就不涉及法律裁判的问题了，法院即使

117

在类似战时剥夺私权利的"政治问题"上也要扮演某种角色。但是，"政治问题"不在于取消判决，而在于即使在法院发言之后，政府部门仍可使用补救措施。因为法院并不是权威的最终来源，他们一边可以作出裁判，一边又无法阻止政府部门作出相异判定。因此，在这个有趣的案例中，托尼明确请国会"确定若官员侵犯了私人权利，国家应当提供何种保护和赔偿"。通过征询政治部门的进一步裁判，托尼能够同时保护私权利的神圣性和政治部门的裁量权。他不必再在面临众多问题的情况下，制定一个法律原则，根据这个原则，私人权利可以在国家安全的利益中被牺牲。

我所指的 19 世纪主张三权分立的体系一直持续到内战之后的重建时期，并包括了著名的米利根判决。伊恩·扎克曼（Ian Zuckerman）最近在一篇引人入胜的文章中提出，是松诉美国案的司法构架可以被追溯至立宪"一元论"的概念，后者是与是松案截然相反的米利根案（Ex parte Milligan）。他写道："在由米利根案建立的框架中，法院负责规范紧急权力的使用。然而，当回顾危难下行政权力的实际用途时，法院往往缺乏在最终环节对抗政府的执行权。在这种结构之下，法院试图通过将特殊的紧急权力'常规化'来扩大战时解释宪法的权力，使其更有弹性，并以此支持政府。"因此，米利根案虽是一种"严格的、基于权利的学说"的典型代表，却通过宪法和法院在战时与和平时期拥有同样大的权力，创设了一种是松案中见到的"扩大化的、富有弹性的宪法解释"。

虽然，或许扎克曼在米利根案中的一些观点获得了司法绝对论者的赞同——他们认为法院可以规制政府的所有权力——从 19 世纪的三权分立体制去理解米利根案的精神也许是更真实的。在本文中，法院仅对米利根案是否能够被军事委员会依据宪法审判作出裁决。它并未就政府是否能够涉足军事法规的重要问题作出裁决。事实上，判决明确指出："战争在哪里实际发生，哪里就有必要为政府提供一个替代品去确保军队和社会的安全；而且，因为军队没有留下任何权力，在法律可以被自由适用之前，这个政治的权威可以运用军事规则进行治理。"并且，最高法院仅在南北战争结束后才就这一法律问题作出裁决，这样安全问题才得以保障。戴维斯法官写道：

> 时代的脾性注定不会在审议和讨论中保持冷静，以便正确地结束纯粹的司法问题。然后，安全的考量与权力的运用混合在一起。感情和兴趣占了上风，得到了皆大欢喜的结局。既然公共安全得到了保证，这个问题以及所有其他问题都可以在没有激情，也没有任何需要形成法律判决的情况下进行讨论和决定。

换言之，战后再对米利根案进行判决的决策并非出于偶然。若在战时作出判决，则案件不可避免地会受到战争的影响。与安全的迫切需要有关的政治问题可能会掩盖法律问题。在战争结束后再对案件作出裁判，最高法院同时做到了两件事：保护法律的神圣性以及令政府行为在战争当下是合法的。通过将判决与刚刚回归和平的环境相联系，将米利根案与我们所见的 20 世纪其他司法案件区别开来，至少与是松案不同：后者是在战时作出判决的，政府对其拘留行为明确地作出法律许可。

米利根案应当按照早期的法理学模式进行解读，这些是被而后的两个判决进一步验证过了的。在 1868 年的麦卡德尔（Ex parte McCardle）案中，法院认定其不能按照米利根案作出相似判决，因为国会已经剥夺了其管辖权。还有，在 1868 年的密西西比诉约翰逊（Mississippi v. Johnson）案中，法院举出了作为 19 世纪司法核心理论的三权分立原则并进行了深刻论述。本案中存在的问题是最高法院是否能够发布禁令，禁止总统实施国会认为违宪的法律。或者说，若最高法院同意指控是正确的，那么它是否能够先发制人地阻止总统施行违宪行为？若扎克曼对米利根案的解读是正确的，那么似乎

120

也没有确凿原因可以说明宪法权威性的决定者不能阻止那种被认为是无权作出的行为。但法院在本案中没有得出这个结论。相反,19世纪的司法模式明确否认了这种权威并首先约束政府的其他权力。蔡斯法官写道:"国会是政府的立法机关。总统是执行机关。二者的行为都不受到司法机关约束。"然而矛盾的是,在19世纪的司法模式里,在否定事前制约的同时却未否定事后救济。蔡斯法官又道:"这两种法律规定在适当的情况下,都与审判管辖权相关。"即使有一些一般性原则,法院认为,同样是运用行政裁量权来禁止司法干预的法律原则,并未因非法的行政裁决而影响私权利的司法救济。再一次地,三权分立原则认为,行政的独立性确保了它可以采取任何它认为恰当的行动而不受其他两种权力的限制;但这种独立性却并未保护它免受国会(若它在立法层面出了问题),或最高法院(若它采取了非法行动侵害了私权利)的追责。这种安排让政府在对国家安全相关问题作出行动,而非为了一个允许这些行动的法律原则牺牲私权利。相反地,它将行政裁量权作为一个核心的法外权力保留下来,而法院对这项权利既不能禁止,也不能剥夺。

121

二、20 世纪法理学的权力分立模式

我所谓的 20 世纪权力分立法理学的核心新逻辑,在 19 世纪末便已初见端倪。早期司法的关键是对行政行为的解读,除非行政行为是依据由国会通过的明确法律,否则无论基于何种权威,它都是未经法律授权的。直至 1890 年,尼格尔案(In re Neagle)的判决才从这种模式中脱离出来,并赋予行政行为与国会通过的法律相似的地位。判决将行政命令的能量从一种法外能力(此时,除非法律遭到破坏需要予以救济,否则法院不具有管辖权)转变成一种法院有控制权的法律能力。

尼格尔先生是一名来自加州的副警长，他应司法部部长威廉·米勒先生的要求保护菲尔德法官，由此出现了尼格尔案。判决称："证据'曾是'充分的，即在 1889 年夏天，'认为被菲尔德法官冤枉'的特里夫妇攻击了前往加州参访的菲尔德法官，并且他们意图致菲尔德法官死亡。"在保护菲尔德法官的过程中，尼格尔先生杀死了特里先生。在案件事实之下，法院判定总统在美国法官卸任后有权保护他们不受来自个人暴力或死亡的威胁。为确立这一主张，法官们明确将保护条款纳入法律范畴，令那些"在宪法规定之下的，由于政府的职责所在而隐含的必须作出的保护"行为有所保障。米勒法官代表主流意见写道："任何可以通过公平、适当的推论，出自宪法的义务，或是基于美国法律一般规则下的警长的责任，在这种语境下都是'法律'。"米勒法官继续道："若被发现，美国政府在其统治和最高权力之下，法官们尽忠职守，而美国政府却并无意于保护其免受对判决结果不满意者的恶意和仇视，那将是对美国政府体制的极大讽刺。"19 世纪的司法仅在揭示法律的本质，并进而判定政府官员的行为是否合法；而现在最高法院要判断法律的应然状态，并补救那些政府官员基于他们对何种权力应当存在而做出的行为。在早期司法中，或多或少地认为法院判决不会，也不能穷尽政府权力。法院判决只能根据私人权利是否受到侵害，以及行政官员的行为是否得到明确的法律授权——由国会通过的法律授权。在这里，法院含蓄地暗示，法院判决最大限度地压缩了政府的权力空间。若尼格尔先生没有被法院判定免责，那么尼格尔先生"尽忠职守"的行为将会受到不当处罚。

通过对本案不同观点的检视，可以看出主流观点与早期司法观点的区别。反对者赞同主流观点的"对作为公民个人的法官菲尔德提供的保护（即使导致了特里的死亡），不仅仅是权利，还是尼格尔和其他旁观者的义务"。相反地，"我们的反对意见并非基于对被告有罪或无罪的认定"，而仅仅是关于尼格尔先生的行为是否经过国会认

122

定,也即是否是法律行为。反对意见认为答案是否定的。异议本身依据旧有的司法模式,即法院只需要关心行为是否遵守现行法律。相反地,主流观点创设了一条"法律",因为他们认为应当存在这么一条法律。米勒法官写道,"我们并不因此认定美国政府是无效率的,或者宪法和法律让政府的高层毫无保障,失去保护"。但反对者强调他们也赞同这一表述。他们的反对意见在于这种权力如何运行,而非这种权力是否存在。拉玛(Lamar)法官写道:"权力的践行不仅必须通过各个机构、部门,也同样依赖于由宪法规定的、适当的方式。"他又道:"这些联邦权力的数量之多和力量之大已是毋庸置疑。而它们也并不是专制的或非法的。"因为相信政府每个部门都必须代表整体的政府权力,主流观点将政府的需求纳入其考量之中。若政府必须行使这种权力,则法院必须认定它的合法性。但反对者认为,司法程序确实损害了宪法组织权力的"模式"。在旧的三权分立模式中,私权利与政府需求的"平衡",并非通过司法,而是通过权力之间的竞合实现的。只需要严格遵守法律的允许和禁止事项,旧模式可以更好地保护私权利。进一步讲,它无须干涉行政的独立性就能实现这点。毕竟,尼格尔案判决的反面是,若最高法院可以判决行政行为合法,也同样可以判决其不合法。换言之,若行政管理获得了司法许可,则它也同时允许了司法对其进行限制。然而,鉴于其新获得的权力,更深层的问题不是司法会过多限制行政权力,而是扎克曼指出的问题:司法,更确切地说是司法制度的设置,将会对行政需求做出过多妥协。

德布兹案比尼格尔案的逻辑更深一层。尽管尼格尔列出一种假想的法律权力,这种假设是若信件和包裹"会被抢劫,且快递人员在本国某些地区易遭受袭击,甚至被谋杀",那么总统或下设执行部门的权威可以"发出一个保护信件及信使的人身和生命的命令"。德布兹正是引述了这一假设。然而,如考温所述,德布兹案还包含了关于

"美国巡回法庭发出的禁令,禁止因为对信件、包裹和对州际贸易干涉而举行罢工"的法律规定。因为情况的严重性以及过去尼格尔案对行政权力的规定,法院认为巡回法院的确有权力发布此项禁令。如考温认为,"法院实际上承认禁令没有法定依据,而是以政府有权因此保护其邮件中的财产为由维持禁令"。

同样的法律逻辑也令法院下达了一条禁令来满足行政需求,而这种逻辑让法庭在尼格尔案中创设了一条本不存在的法规。布鲁尔(Brewer)法官为如今已经成为统一系统的法院写道:"国家的全部力量可以用来在国土的任何地方完整而自由地行使国家权力,保障宪法所赋予的权利的无恙。"他又写道:"若有突发性事件,国家军队及其民间组织的力量服务于国家且必须遵守法律。"同样,早期司法并不是没有意识到这些争论,但正如密西西比诉约翰逊案所做的那样,这些观点会令法院得出一个结论,即不会为了国家安全而发布阻止行政行为的禁令。然而,在新司法模式下,现在同样的推理令法院认定"每个政府,接受公民的委托,以其存在的特殊意义,为社会的共同福利拥有或卸下权力和责任,在拥有和卸下一项权力或责任时,有权向它自己的法院寻求适当帮助"。紧随尼格尔案而来的,是法院认为自身有义务明确政府应当拥有何种权力。因此,不出所料的是,法院通过为国家安全发布禁令"协助"行政部门行使行政职责。对国家安全所做的保留(早期司法认为是国会对行政部门主要领域的规定)如今也和另外两个部门一样,成为独立领域。

由法院在尼格尔案和德布兹案中确立下来的行政裁量的立法化延续到了 20 世纪,并解释了法院在战争权力问题上一贯顺从的态度。法院一旦认定自己要决定是否对以下事项进行合法化:行政裁量权在涉及国家安全事项时要如何作为,会毫不意外地倾向于放弃行政权力的实施。艾瑞克·波斯纳和阿德里安·沃缪勒(Eric Posner&Adrian Vermeule)证实了这种对战时行政权力服膺的传

124

125 统,因为行政部门在制度上隐秘、快捷、有弹性的优势决定了它可以对战时危机作出最好的应对。正如他们客观的评价:"在突发事件中,法官是茫然的……威胁的异常性和必然反应令司法惯例和日积月累形成的法律规则难以匹配,甚至会成为阻碍。"法官无法正确评估国家安全的需求,也如波斯纳和沃缪勒所言,他们无法恰当地摸索出一个让行政权力可以在安全与自由之间权衡取舍的平衡原理。出于这个原因,他们认为法官应当简单地听从行政部门的决定。在20世纪的司法模式下,法官必须裁定行政行为是否合理合法,此时波斯纳和沃缪勒可能是正确的。若司法的介入会在那些势必要考量国家安全的情况下干预行政行为,此刻法院应当服从行政部门。他们的问题在于他们无法与三权分立的旧模式契合,这是一种与新司法模式融合的失败。

虽然是松案并未像在杰克逊法官的反对意见中预见的一样,对法律产生持续性的、潜在的影响,但在某种意义上,它仍是一种新型的司法模式,因为法院认为它作出的判决会消耗政府权力。此外,在早期司法制度中,法院常在事实发生后很好地对战时案件作出判决。在二战期间的案件中,行政执行机构曾明确地寻求过最高法院的司法审查。它想让议案的合宪性得到最高法院的认可。对于认定议案的合宪性,布莱克法官在是松案的多数意见书中写道:"我们无法认定高于国会及其执行机关的战时权力,从而去驱逐在西海岸战争发生时从战区迁来的日本人的祖先。"那是因为法院判决会穷尽国会及其行政部门的战时权力,又或者是因为那些权力并不独立于法院判决,对于本案,法院无法做出其他判决。如布莱克法官所写:"我们不
126 能说,决定发动战争的政府部门不应相信,关键时刻这些人不能够轻易地被隔离或单独分出来,并对国家安全构成威胁。"这些都是只有行政部门才能做出决断的问题。法院是无法进行适当裁决的。因此,如果司法机构对这些问题的确定耗尽了政府权力,那么只有依靠宪法做出判断。正因为法院认为自己对另外两个部门的裁定具有终

局性,所以它要迫使自己从另外两个部门的视角来看,特别是行政部门对国家安全的考量。并且,由于最高法院只能通过法律原则来处理这些问题,这点几乎决定了它不可避免地只能遵从行政部门的决策。因此,最高法院在前一时期独特的有限视角令它只能对已经过去的法律和宪法问题作出裁决。现在法院采用的更广阔的视角令它处于一个必须更审慎地对待法律规则的境况。在早期的判例中,它无须确定政府的战争权力的全部内容,而只需从宪法层面上,从对私人权利进行保护的这个关键而狭窄的角度去判断这些权力就好。

当代最高法院已经创设了一些支持政府部门一切决策的法律原则,并让它们得以普及,由此政府可以更好地保障自身不受责任制的影响。路易斯·费希尔在《以国家安全之名》(*In the Name of National Security*)一书中,对这个原则和它随后在美国诉雷诺兹案(United States v. Reynolds)中有关"国家秘密"原则的应用进行了阐述。一旦这些法律原则由站在行政部门视角的法院创设,它们就不可避免地会从被援引的第一个案例扩散出去。费希尔写道:"在雷诺兹案中,最高法院对政府作出警示:涉及国家秘密的优先权'不应被轻易援引'。那种自我约束性久已丧失。联邦政府现在提出的这种特权不仅适用于军事和外交秘密、一般性的国家安全,更被应用于过去曾认为是牵强附会的内容。"

虽然是松案很好地说明了法院认为他们耗尽政府权力的问题,但它与早期的法学模式有所不同,因为控制问题有关于国会和行政权力的合宪性。虽然早期就有许多案件涉及国会预先阻止或未批准行政部门的行为,但这个案件涉及国会和总统已经作出违反宪法的行为。出于这个原因,关于旧制度的新司法,更有说服力的例子可能来自诸如戴姆斯与摩尔诉雷根案(Dames & Moore v. Regan)。最高法院被要求在扬斯敦(Youngstown)案——最接近旧司法模式的一个案件——建立的法律框架下行事,又在戴姆斯与摩尔案中创设了一个法律解释的原则,即未经明确授权的权力可以通过其他有明

127

确规定的权力进行解释,这涉及了杰克逊所指的第一类的"授权最大化"原则。因此,尽管杰克逊提到了一种既非经过明确授权也未被国会明令禁止的总统行动的"灰色地带",但法院在此处创设了一个杜绝此类情况的法律原则。这种做法令法院完全改变了早期的司法倾向,尤其在法院发现的没有法定授权的行政行为干涉了私权利的问题上。马歇尔在利特诉巴雷姆案中清楚地规避了这种创设一个与有记载的惯例完全不符的法律条文的情况,而戴姆斯与摩尔诉雷根案中的法院做出了截然相反的选择。

因为司法被认为是这类案件的最终环节,我们就可以理解法院在戴姆斯与摩尔这类案件中的做法了。像利特诉巴雷姆案的判决,将军要服从总统下达的命令——这些命令也是法院认可的,并被认为可以更好地体现立法意图——若得到授权的最高法院期待其作出的判决不是依据实然的法律,而是应然的法律,即正义和自然法的需求,则这种命令就不是那么妥当了。早期的法院知道,如果正义可以让将军不必承担后果,那么分权模式将允许国会在最高法院采取行动后采取行动。事实上,法院不是最终环节,意味着法院可以很容易地发表自身对于案件的、基于法律的独到见解。法院按照法律的实际规定行事,总好过肆意违法。事实上,法院的判决具有终局性意味着其判决不能对实然的法和应然的法一概而论。

从这一点来看,布什政府的拥护者辩称,他们不承认最高法院对政府权力所有事项的最终权威。相反,"单一行政理论"的笼统原理似乎是基于本位主义的概念,行政权对于行政领域内的事项具有全权裁决权。然而这种本位主义最终也是归于单一的政府权力概念。如乔治·托马斯(George Thomas)最近所说,分权理论的提出者并不是这个意义上的"本位主义者",因为他们想让不同力量就同一问题去争取权力。托马斯认为,宪法旨在超越不同力量各自权力的界限,跨视野地去创造一种"冲突式的交互"。在创始者的分权理论中,权力的本质是分裂的,并且通过许多不同的、相冲突的方式表达出来。一方面,每个部门拥有不同的功能、不同的权力来源和不同的权力,这会引发对宪制问题的不同思考。另一方面,源于"单一行政理论"的本位主义分权概念仍然认为政府的立场是统一的,每个部门只是这个统一的立场中的不同组成部分。法院在司法事务上拥有最高权力,行政部门在行政事项上拥有最高权力,立法部门在立法事项上拥有最高权力。然而,再次说明,自由裁量权的必要性揭示了这种本位主义观念中的最大困难。虽然对国家安全的需求本质上是行政性的,对权力的实施而设定的限制(这也是为国家安全而做出的必要保留),必须也同时在立法和司法上有所考量。面对这些对行政权力的限制,这些法律本位主义者就会被迫选择违宪的立场。

然而,值得注意的是,一些"单一行政理论"者已经不再属于布什政府的拥护者。他们对"单一行政理论"的理解并非一定要以约翰·尤(John Yoo)等人推行的理论为基础。我没有试图在此处解决这个问题,我所指出的观点确实引发了一些关于认为它们之间缺乏关联最终是否适当的问题。毕竟,"单一行政理论"的支持者同时也是本位主义者,他们想要坚持分权原则的特殊性和权力的合法性。因此,布什政府认为,行使政府命令的最高权力需要一个明确的范围,这使得任何国会在该领域都有违宪行为。那难道不正是他们理论的自然结果吗?

129

三、结　语

有人可能会认为,在"9·11事件"之后,法治已然开始复兴。最高法院并未听信布什政府的言论,而是制定了一系列法律规则,从根本上证伪了它的论调和行为。然而,诸如哈姆迪案、哈姆丹案和布迈丁案,似乎都旨在限制"9·11事件"后"反恐战争"中的行政权力。这些限制在短期和长期条件下的适当性仍需考量。短期看还尚未完

全清晰,虽也有些言语上夸大的成分,但这些判决也确实是卓有实效
的。"反恐战争"的一些核心问题是法律问题,涉及军方认为对国家
安全有威胁的那部分权力。虽然法院已经进行干预,以确定行政部
门没有自行决定这些问题的权力,但法院本身也并未提供问题的解
决方案。如本杰明·威特斯(Benjamin Wittes)所说,为"反恐战争"
而设计的法律架构要求国会以法院所不能的方式制定新法律。正如
我们所见的 19 世纪司法,法院在维护国会立法和抵制法外行政裁决
方面处理得当。然而,他们根本无力回答"反恐战争"中必须回答的
棘手政治问题。如威特斯所述,诸如"军方力量可以控制谁?控制多
久?以何种表现形式?基于何种证据规则?"这些问题没有明显的司
法答案,因为它们主要适用于在外国战斗中被俘的外国人。他们的
回答需要一个国会制定的法律框架,然后指导和规划行政行为。在
三权分立系统中,法律更倾向于保障这个框架的运行,而不是自己创
建一个新的框架。回到案件本身,对于法院而言,一个更深层的问题
在于,法院已经干预了"反恐战争",他们的干预同时妨碍了国会试图
对这些问题进行的解答,也因此,令国会议员在政治层面脱离了这个
问题。①

在我们考量法院在"反恐战争"中所作判决的长期影响时,后面
的这个问题变得更加重要。正如威特斯曾很有先见之明地对布迈丁
案作出的判决那样,判决的核心在于法院"仅仅再一次地明确了最高
法院具有最终发言权"。虽然这种干预既未建立一个合适的法律框
架,也未充分限制行政权力,但它们一直有力地强调法院在这些问题
上具有最终发言权的合法地位。事实上,可以说法院已经放弃了对
行政权力的进一步限制,因为它认为自己具有最终决定权,并试图规
避限制行政权的许多固有困难。作为最终裁决者,法院旨在平衡国

① 我在《最高法院与宪制思想》一书中曾提过,法院会解决这个问题,关于行政权、宪
法与战争权的博弈。

家安全与私权利这两种需求。法院对总统权力的限制在这种权衡的过程中浮出水面。然而,从长期来看,似乎这种平衡会在下一次遭到打击时大大倾向于国家安全。因此,有人关心这些限制是否能够维持下去。

这一切都指引我们回顾过去。与其期待法院在国家安全与个人权利的冲突中找到一个完美的平衡,不如相信宪法留给我们的这个系统。它可以通过分化权力的政治主张,自然而然地达到那种平衡。国家安全相关事项对这种平衡的需求是最为迫切的。如果法院被认为是拥有对政府权力进行裁定的最终方,那么行政部门以安全为核心的立场将令其不再占有支配地位。国家安全是最重要的,而行政部门是唯一适合保障其首要性的,这二者的结合令其他两个部门只好服从。出于对安全性的需求以及他们的相对无效能,国会与最高法院只能授权给行政部门。一旦最高法院对尼格尔案中行政权力的法外裁决合法化,那么司法需要通过这种行政裁决,而国会需要为之立法。在旧的分权模型中,每个承载权力的部门既独立于其他部门又与之相关,这令行政权力可以在国会与最高法院不认可的情况下也可以继续追求国家安全的价值。恰恰是因为法院和国会认为行政部门是独立的和非法的,它们才能够不臣服于行政权力之下。另外两个部门明白,若某种情况使得行政权必须在法外空间行事——甚至是违反法律,那么行政权力的独立性会认可它的做法。19 世纪的人们理解和允许行政裁量权的存在,但同时另外两个部门也要保障行政部门会为权力的不当行使而负责。在 20 世纪,将行政自由裁量权合法化的企图迫使整个政府在国家安全问题上成为同谋。

131

第六篇　司法监督、正义与法律约束下的行政裁量权

柯蒂斯·布拉德利

　　本杰明·克莱纳曼在他极富趣味性而又颇具争议的《分权模式与国家安全制度》一文中，将 19 世纪的三权分立模式与现代模式进行对比，结论是，我们有必要回归早期模式。他认为，在 19 世纪模式下（即法院仅对涉及个人权利的案件，而不会对涉及国家安全的政府权力拥有最终判决权），当权利受到侵犯时，应保留国会权力，通过提供政府赔偿金实现正义。

　　而在现代模式下，克莱纳曼认为法院已转向"统一政府权力的概念"。据此，联邦政府的一个部门必须是国家安全相关事项的最终裁决者。他辩称，这一模式至少会导致两重不良后果。其一，当这个统一模式在行政部门中应用时，国会无法制约行政部门。布什当局用

无数实例已证明了此事不虚。其二，当法院拥有最终裁决权时，它们过度服从政府权力，此处克莱纳曼特别举出了二战期间牵涉日本政府扣押行为的臭名昭著的是松案。

　　从这个意义上讲，我同意克莱纳曼的看法，他建议法院应该避免对政府在国家安全事务中的最终宪法权力做出不必要的干涉。依我之见，如蔡斯法官在其赞同意见书中所说，法院在著名的内战时期的决定中，如米利根案（Ex parte Milligan）的判决应该仅就林肯总统在

该案中使用军事审判的提议作出,这违反了 1863 年的《人身保护法》。为进一步证明军事审判即使经过国会批准也是不合法的,法院决定摒弃这一判决——首先是通过重建国会,后来由最高法院本身处理涉及纳粹破坏分子的奎瑞案(Ex parte Quirin)。接下来的其他涉及国家安全的判决,无论是由法院,还是由政治机构作出,都会受到当时的特殊条件的限制,这使得最高法院根据特定情况发布一般性公告变得不明智。

尽管我赞同他的观点,但总的来说,我发现克莱纳曼对三权分立的 19 世纪模式与现代模式的比较是有问题的,这主要体现在对最高法院和行政机构的特征描述上。

首先说最高法院。并没有证据可以表明,如克莱纳曼所说的,最高法院如今在国家安全问题上墨守政府权力的统一概念。实际上,通常是像杰克逊法官在扬斯敦案中所述,政府权力取决于两个政治分支如何相互作用。这是法院明确援引的模式,如 20 世纪 80 年代早期的戴姆斯与摩尔案人质危机和 2006 年发生的哈姆丹军事委员会案。

过多地关注某一个案件——即是松案——克莱纳曼会夸大当今最高法院在国家安全问题上对政府的服从程度。这之间当然有一定区别,虽然通常这意味着法院的选择是让国会凌驾于政府部门之上。但不是所有判决都与是松案一样。事实上,就在是松案判决的同一天,法院判决的远藤案认定政府无权继续扣押日裔美国人。在朝鲜战争中,法院对扬斯敦案作出判决,认为杜鲁门总统无权查封钢铁厂。另外,法院再一次驳回了布什政府在反恐战争中的主张,特别是涉及军事委员会的哈曼丹案判决和涉及关塔那摩人身保护法的布迈

137

丁案判决。①

克莱纳曼有些夸大了 19 世纪模式的个人权利和现代模式下具有前瞻性观点之间的区别,原因有二。首先,克莱纳曼认为对个人权利的主张的处理并不代表司法判决对行政权力的态度,但这一假设本身是值得怀疑的。19 世纪法院对损害赔偿案件的判决至少在两个方面具有前瞻性意义:他们明确了国会可以规范行政部门的行为,这本身就是一个宪法问题。并且,它们也影响了对政府官员的未来激励。诚然,无限制的禁令救济比单纯的可追溯救济会引发司法与行政间更大冲突。但即使在现在,法院也不会轻易地禁止国家安全计划。在法院少有的做到的案件中,如扬斯敦案,历史判决确实是有效的,克莱纳曼也赞同这一点。②

其次,当代的国家安全案件与 19 世纪的案件一样,都会涉及个人权利的问题。它们中的很多,包括所有反恐战争的重大案件,都涉及人身保护法的救济。自美国建国起,特别是在内战期间,人身保护法被广泛运用,这种典型救济在对抗联邦政府上都行之有效。其他案件,如扬斯敦案和戴姆斯与摩尔案,通常会涉及私人财产权和合同权利。此外,法院也没有发布关于这些案件的简要资讯意见。实际上,大多数判决已经被限定在一个框架里了。比如,法院已经表明戴姆斯与摩尔案的情况是十分特殊的,还有 2004 年哈姆迪案判决中的多数意见说明法院仅判定政府可以拘留参与了阿富汗战争的人。

克莱纳曼更深远的观点认为,现代不再将对正义的最终裁判权

---

① 从克莱纳曼的文章中很难知道他对布迈丁这类案件判决的看法。他批评最高法院坚持在国家安全事务中拥有最终裁量权,并引用布迈丁案作为例证。但他并不建议法院按照行政部门的要求,对关塔那摩关押状况进行司法审查。事实上,目前尚不清楚司法机构如何能够实现克莱纳曼所描述的 19 世纪维护个人权利的功能,如果法院在布迈丁案中有不同做法。

② 令人费解的是,克莱纳曼认为扬斯敦案"最为接近传统法理学模式"——这是一项广泛的宪法裁决,其中最高法院维持禁令,反对总统声称正在进行战争期间的国家安全所必需的政府措施。

留给政府部门，看上去也并不太对。即使法院认为本国政府作为一个整体，享有宪法赋予的权力，在是松案中，它们也并未表明政府行为就是正当的或明智的。并且在这些问题上，法院仍将终局裁决权留给了政府。实际上，随后国会即认定扣押行为是错误的，以及国会（而非法院）有权作出最终裁决。我想克莱纳曼同样在认定此事的正确性上犯了错误——在当代模式下，政府行为仅在得到法院认可的情况下才合法。克莱纳曼在其文章中批评了以下观点，即"每个行政行为都必须得到国会批准，并由最高法院认定为合宪"——但这只是一个混淆视听的观点，因为并没有人这样说过。举一个例子，奥巴马总统在阿富汗增兵的行为并没有经过合法性认定。

现在说一下行政部门。克莱纳曼认为，在 19 世纪模式下，除非国会明确颁布法令，否则行政行为不视为拥有法律授权。这是一种过度概括。首先，拥有识别权与指挥权的行政长官作出一些单方履行即生效的行为，特别是在国际法层面有效力的行为。举一个例子，麦迪逊总统与英国就 1812 年战争交换俘虏的问题达成具有约束力的协议。因此，克莱纳曼的观点最多仅在侵犯了普通法权利的情况下是适用的。其次，在美国内战期间，法院开始将总统权力解释得更为宽泛。一个很好的例证就是普利兹案，法院承认了林肯作为最高行政长官的权威，以在内战之初扣留违反封锁令的商船。法院注意到，若需要国会做出行动，国会对林肯封锁令的事后批准就是必须的，但法院又说并不认为林肯需要国会的批准。

克莱纳曼将行政部门的支持等同于一个"统一的执行者"支持统一的政府权力概念，但它们实际上是截然不同的。克莱纳曼似乎将"统一的执行者"设想成不受国会制约。然而，"统一的执行者"的标准设定是：当行政部门"在法律的限制下行动时"，国会无法制约行政部门内部的命令和报告。这就是为何对统一的执行者的标准化概念的支持是对任免军官职务的总统权力的干预。当然了，布什政府有时会宣布国会制约行政行为的权力是有限的，如克林顿政府及奥巴

139

马政府所为，但这不是关于统一的执行者，相反，这是关于宪法对权力的特别分配。

最后，也许是最基本的，克莱纳曼并未广泛地树立起行政部门打破法律的一般性需求，而这是他的文章的潜在倾向和专著的主题。国会了解总统的裁量权在涉外事务上的优势，并因此常常赋予总统很大的裁量空间——比如在《国际紧急经济权限法》中，这也是戴姆斯与摩尔扣押案中涉及的法律之一。当出现危机时，行政机构也会被赋予很大的裁量权——如"9·11袭击"后的军事权力。此外，《宪法》可以合理地解释为对行政部门的某些事项赋予酌处权——例如，在限制最高行政长官发动战争的命令上。

诚然，这里还隐藏了一个重要问题：是否可以说一些必要的行动其实是合法的，或者一些非合法行动是必要的。作为一个最初阶段出现的问题，我也不知道它多久会重复出现。我想当今最突出的问题当数对待恐怖分子的水刑。我们应当考量一下是否应当改变"折磨"的原意使水刑合法化，还是应将其视为在某些时候获得豁免的不合法行为。但它也许根本就是一个错误的选择，毕竟有那么多人并不相信动用水刑是事出必要。而且，若我们认为它是必要的，那么有一个问题也做不到不证自明，那就是我们应当预期勇武的CIA探员会轻视法律，并因此在所有情况下禁用水刑。事实上，据官方调查，这些探员若料想到要进行刑事检控，他们更倾向于避免作出侵犯性行为，特别是他们能够止确地理解，政治局势易变，而他们的临时豁免权也会被剥夺。

或许，引发了行政机构是否需要拥有法外执行权的最著名案例当数林肯总统内战初期中止《人身保护法》的命令。他在《所有法律，只除了这一个》的著名演说中肯定了这种行为——他问，他是否应当为了遵守某一个关于国会权力的法律而令整个国家分崩离析。但人们忘了，这只是他的备选方案。他的主要观点是当美国受到侵犯且国会休会时，总统拥有部分宪法权力去中止一些法令，直到国会复会。这项宪法性主张是十分重大的,那次事件最终结果是国会对《人身保护法》的中止进行了限制,林肯政府也接受了国会的做法。无论如何,我想我们在基于某一特殊事件(如内战)而提出一项宪法性原则时,应当慎重权衡——像小说中写的那样,像处理定时炸弹一样慎重。

因此,至少基于这些案例,我不认为我们需要让政府部门拥有超出法律范围之外的自由裁量权。克莱纳曼想要一个在设计国际安全事项时忠于国家的总统,但这无须违背法律也可以实现。历史上的诸多案例已证明了获得国会授权或司法许可并不会保护总统的行为免受公众审查,比如布什总统在伊拉克战争中拥有国会授权,然而这也并未使他免于向国家证明战争的合法性。

141

第七篇 "行政裁量权"的不稳定性

莱昂内尔·麦克弗森

　　在美国,恐怖主义——特别是源于伊斯兰世界的恐怖主义——所构成的威胁,普遍被认为是难以估量的。后"9·11"学说认为,国家的运作是以对国家安全的保障为前提,而这些保障措施恰恰是过去许多人忽视的。我们被告知,在"恐怖主义时代",想要维持"我们的生活方式",这些措施是必要的,即使它们与国内法或国际法的基本原则相左。若认为这种必要性是反常的,则这种反常会被认为反映了这个国家的恐怖分子的狂热与邪恶,而非美国价值观的腐朽。对美国涉外事务的侵略性的支持削弱了提倡尊重个人权利的公民的概念。即使这样可能不合法或无法确保公共安全,却也是一种基本的道德理念和政治承诺。因此,诸如"严厉审讯"或酷刑、经过审判的"无限期拘留"或未经审判的"无限期拘留",以及刑事责任的"追溯豁免"等理念和做法已经被常规化,并成为公开谈论和普遍认可的政府政策。

　　这些事实昭示了布什—切尼政府将涉及总统权力的"单一行政理论"入宪的明确意图。这种令法院与国会无法对总统行政权力真正设限的提法已经过时了。而本杰明·克莱纳曼通过不断发展的权力分立学说对行政权力的关注也并不是那么及时。在国家安全范畴,强势的单一行政理论的精神在奥巴马时代得以巩固。例如,奥巴马政府主张"国家机密特权",将驳回声称因受到了酷刑折磨而提起的诉讼,"无论任何时间的指控,无论是真实或虚假,都被政府官员归为机密"①。行政部门将目光转移向一个所谓实践层面的基础性原理,认为政府行为可能不在司法审查范围之内。

克莱纳曼也认为涉及国家安全事务时的行政权力应作广义解读——即他基本接受后"9·11"理论。与此同时,他期望通过将宪法崇敬植入公民心中而控制行政权力。他想要的那种分权模式是每个部门都视自己的权力为独立存在,同时又制衡其他权力。他认为,这种模式,最符合对宪法的传统解读,也最好地平衡了国家安全和个人权利与自由之间的关系。且不论美国宪法解释的问题,还有一个突出的问题是如何实现这种平衡。

据克莱纳曼所说,人们"支持宪法的有限目的"会在政治上鼓励国会"援引宪法,让总统对其法外行为或违法行为作出解释"。而他认为这还不够,国会不太会在这些模糊地带对普通公民作出特别回应。总统已经习惯于在这样或那样的解释下引用《宪法》,以证明看似非法的活动是正当的。此外,国会似乎并不认为自己是独立的权力部门,而是一个按党派划分的机构。与此同时,民主党和共和党是如此倾尽全力地将自身政治利益放置首位,其次才是党派利益。一个深度分化的公民团体会在很大程度上与它的政党政治保持一致,并深入贯彻《宪法》(参见布什诉戈尔案)。简言之,认为大众对《宪法》的热爱会让他们支持分权原则限制行政权力,这种观点太过乐观了。

然而,克莱纳曼有理由为无约束的行政权力担忧。他似乎认为总统有权凭借其独特、至高的权威做出违法行为。"9·11"后的国家安全学说迫切地提出"来自危险世界的不可知威胁"观点,这听起来

146

---

① 第九巡回上诉法院驳回了"政府理论,即司法部门应该有效地封锁所有秘密政府行为的司法审查,使中央情报局及其合作伙伴免受法律要求和限制",参见 Mohamed v. Jeppesen Dataplan 案。

更像是夸大其词,而非现实处境。这个世界一直以来都充满危险,而对威胁的认知是另外一个问题。若总统拥有作出违法行为的权力,则一定会带来难以预测的风险。

那么,问题在于风险到底有多大。索蒂里奥斯·巴伯和詹姆斯·弗莱明(Sotirios A. Barber & James E. Fleming)认为,"从宪法层面上讲,行政权力有义务恢复和维持宪制民主与法治的条件";例如,他们发现林肯在"无宪法授权的情况下挽救了国家和宪法"。在他们看来,"这并不矛盾,因为忠于宪法总是要以物质条件为前提的,而这些条件恰是宪法无法保证的"。这种对于行政权力的看法极少出现在"9·11事件"之后的学说中。对国家安全的威胁都不太会对宪制民主的物质条件构成威胁。对国家安全的威胁也不一定就是对行政权力和保护国家的义务的威胁。

我对总统拥有可以违法行事的特殊授权持怀疑态度,即使在出现重大危机的情况之下。对我而言,这种怀疑论与巴伯—弗莱明对行政权力的观点一致,因为总统拥有保护宪法的积极义务。积极义务不一定要通过违反法律的特殊授权来履行。我不会强调国内法或国际法的优先地位,也不会主张授予总统超出法律的权力而侵害个人权利和自由。相反,我认为"行政裁量权"的定义——涉及国家安全问题时,一种特别授权之下的违法行为——从概念上讲是不严谨的。① 若有一项违反法律但符合道德的事由,总统无须特别授权就可以违反法律而行动。

后"9·11"学说主张,并不一定要存在重大危机才能对违法行为进行行政追偿,或者对上述学说的重大危机作广义理解。克莱纳曼认为,对行政裁量权特殊授权从本质上讲是实践性的。他认为,艾瑞克·波斯纳和阿德里安·沃缪勒"证明了司法(和国会)对行政权力

147

---

① 我对"法外"和"非法"进行区分。我在这里的论点涉及的是"非法",即超出法律界限的法律灰色区域。

在战争问题上的尊重,因为行政部门在保密能力、办事速度、弹性额度等方面都有机构优势,这让它可以对战争和危机做出最好评估"。克莱纳曼赞同这种观点:"法官不可能对国家安全的需求做出正确评估。"但对国家安全必要性的描述常常低估具体风险和对解决措施的可接受程度。例如,克莱纳曼提出:"为保障国家安全而采取诸如酷刑这类违法手段真的是必要的吗? 不仅要证明通过严酷审讯可以收集到信息,还应说明其他合法手段都难以达成,只有这类手段是获取信息的唯一有效途径。"

与波斯纳和沃缪勒不同,克莱纳曼不支持强势的、有唯一统治权的单一行政模型,即政府的每个部门在建制上都在本领域内具有最高管辖权。这个模型的支持者用"尊重"一词作为对服从的委婉表达。虽然克莱纳曼担心法院和国会服从于行政部门,会建立一个"安全国家",但他没有质疑"行政裁量权的必要性"。他所说的这种观点是通过不承认任何事先设定的许可来保障国家安全。我们相信"新型威胁及必要应对"挑战了司法上的旧有设置。这在不涉及国家安全必要性时有可能是正确的。这种许可在很多情况下可能生效——从保证国家是一个可行、自治的政治实体,到防止任何有政治目的的,针对国家、国家工作人员或财产发动的暴力袭击。后者在美国似乎被普遍认可。

然而,出于对"随时可能会造成难以预估破坏的新秩序"的恐慌,这既不意味着国家安全的需求是令人信服的,也不意味着行政裁量权是正当的。特定社会对政治暴力的现象学经验是主观的。真正客观的是,恐怖主义造成的实际破坏远小于常规战争。鉴于"战争带给非战斗人员的痛苦",如我在其他文章中描述的那样,非战斗人员更应当惧怕的是常规战争,而非恐怖主义。当然,他们会在内心拒绝对以下两者作出区分:传统的正义战争对非战斗人员故意做出的伤害(这从来都是不被允许的)和可预见、可避免的"附带性"损害(这通常是被允许的)。军事力量保障下的社会环境发生了巨大变化——虽

148

然平民并不能正确评估政治暴力,但这并不意味着道德准则就发生了变化。

凌驾于国内法和国际法之上的"必要性法则"并不重视战争法,更遑论正义战争理论。对必要性的宣称使任何穷尽法律手段的国家都有使用酷刑的特权,例如在面临一些常规或非常规的国家安全威胁时。后"9·11"学说所指基于必要性的要求,不仅仅因为袭击可能造成大规模伤害,还单纯出于侦查目的,或因为消除某些威胁有难度。这种难度并不会产生一种未曾预料的新威胁,尽管它的一些表现形式是新的——如国际恐怖主义网络对政治和军事劝说标准方法的反应不足。法律本身已经反映了危险世界对权宜之计的判断。若必要性法则总是起着隐性作用,我们很难解释,如果总是需要特殊许可方才有效,那么一项已经确定的对酷刑的法定禁止事项又要何去何从?

让我们回过头来看看另一个难题,所谓的"双重收费"问题。行政部门的最终制度优势在于它可以系统运用政治暴力、大量人力资本及技术资源的能力。这种系统化能力是政治力量的核心力量。巴伯和弗莱明在区分"总统的授权及由此产生的权力……与宪制框架下总统的战略地位"时,也提出了类似观点。事实上,凭借总统的权威,林肯有权违反宪法,只要他认为有必要赢得内战。我们这里的关键性判断是道德上的:它们取决于我们对总统目标的道德紧迫性的评估,还有在这种情况下使用特定手段的明显必要性。

换言之,启动国家相关重要机制的政治合法性是获得行政机关特别授权的前提。同样的能力并不能为行政裁量权对法律的违背(或修改)提供合理支持:司法部门与立法部门已经通过接受行政部门在处理国家安全事务上的主动权而选择了"服从"。它们的服从让行政机构可以先斩后奏,并预设了其行为的合法性。国内法的门槛可以被设置得很低,或者留存一些模糊地带——这会帮助解释为何"严酷审讯"的法律拟制,总会让位于酷刑这种无可争辩的事实。总统基于什么原因坚信行政裁量权未来可以违背法律呢?

试想一下有执法权和维护公共秩序的警察。朝着这个目标发展,他们会拥有调查、命令、逮捕、审讯以及使用致命手段的权力。然而,这些权力是在法律的约束下行使的。美国已经越来越多地容忍"紧急情况"下的法律,给警察留下了很大的权力空间。尽管警察拥有制度对他们的执法权的保障——这通常会让警察可以更好地处理一般性犯罪、维护公共秩序,但法律的限制依然存在。然而,我们内心不愿接受的是,鉴于他们的执法权以及法官、立法者无法预见的执法需求,警察可以采取非法行动——只要事实证明,非法手段是实现重要执法目的的唯一方式。①

有反对者认为,国家安全与上述情况不同,将政府部门与警察进行类比不太合适。然而国家安全的特殊性并不明显,特别是在缺乏国家安全这一必要条件时。比如,恐怖主义的危险性并不比普通的暴力犯罪高。在 2004—2008 年间,美国每年发生 16000~17000 起谋杀,总数约 83000 起。针对美国的恐怖主义袭击,造成的人身伤害的总数也没有达到这个数字,且目前并不存在现实威胁。

如果说与普通暴力犯罪相比,政治性暴力的政治特性确实应当有所作为,那么这就需要详加阐述——大体上是因为恐怖分子缺乏对美国政体实施直接、深入破坏的能力。把视线从恐怖主义身上移开并不容易,因为国家暴力造成的威胁是长期存在的,且公众已相信严重偏离法律的后果只会对被认定或被怀疑是"非法战斗人员""叛乱分子"或"激进的非战斗人员"造成影响。若执迷于非国家暴力最初的原因主要是由于非国家行为者难以被发现并震慑之,则这会与非国家行为者投身恐怖主义的权宜之计十分类似——军事上的弱势群体利用传统手段打击军事强者,这种行为近乎徒劳。我并不是想

150

---

① 美国最高法院在弗吉尼亚诉摩尔案(2008 年)中的一致裁决没有否定这种比较,该法案认为警方可能会在交通阻塞期间通过非法搜查获得证据。

低估恐怖主义的威胁，而只是认为单纯强调国家安全的重要性并不
足以证明行政裁量权可以违反国内法或国际法。

151   当然了，一个国家有责任保护辖区内人员不受非法暴力的侵害。
克莱纳曼认为，如波斯纳和沃缪勒所述，恐怖主义造成的新型威胁扩
大了行政裁量权限。这意味着，由国家造成的传统威胁还不够大。
我曾说过，过分强调恐怖主义实际上对行政裁量权并无助益。强调
对恐怖主义的行政自由裁量权的支持者可能会夸大其重要性。只要
保障国家安全确有其必要性，则无需过分激发对恐怖主义的恐惧和
焦虑情绪。

　　需要明确的是，克莱纳曼与强势的单一行政理论的支持者观点
一致，认为涉及国家安全事项的行政裁量权是合理的。这一观点与
恐怖主义无关。克莱纳曼与强势单一行政权力主义者的分歧主要在
于如何解释宪法，或者从更广义上讲，如何理解危机压力下的法治。
他主张的权力分立模型是通过司法和立法部门的积极对抗来控制对
行政裁量权的滥用。然而，这场辩论偏离了一个基本的、更小的问
题：行政裁量权的哪一种违法行为是正当的？

　　我认为，行政裁量权——作为对总统特别权力的反映——变得
不那么合理，因为正当的非法行为在道德上更难以成立，而不是因为
道德上有问题的行为永远不应该做出。其原因可能看起来有悖常
理：若国家安全风险真的高到要为违法行为，甚至是违反道德的行为
敞开大门，那么很难理解为何做出这些行为需要特别授权。一个令
人信服的"必要性法则"不受宪法或权威限制。

　　克莱纳曼加入的讨论涉及行政裁量权的两个问题：我将它们称
为程序性问题与实质性问题。粗略地讲，区别标志着程序本身而不
是某些行为本身的性质。行政裁量权的程序问题在于，是否以及为
152   何，行政部门可以在法律程序规定之外行事。米兰达警告就是法律
程序维度的最直接例证。一个更加富有争议的例子是无证国内窃

听——被认为违反了宪法第四修正案(关于无理由搜查和扣押的规定),以及更确切地说,违反了《外国情报监视法案》。行政裁量权的实质性问题在于如果不是绝对的道德禁止,行政部门是否可以做出,以及为何会做出一些不合乎道德要求的违法行为。酷刑就是一种被法律实质维度所掩盖的违法行为。

不区分程序问题和实质问题的行为混淆了对行政裁量权的概念。克莱纳曼的讨论就涉及了这个问题。除非进行精确界定,否则无法对行政裁量权进行适当解释,甚至也无法进一步展开讨论。认为只要行政部门拥有特别授权就可以违反法律程序的观点似乎并不会太令人意外:这将是一个权衡国家安全利益与违反法律程序的短期和长期利害关系的问题。在任何特定情况下,违反法律程序不会直接威胁到人的生命或自由。但这些并不是引发最多争议的违法行为,也不是克莱纳曼最关注的违法行为。

我并不是说违反法律程序是技术性事项,也不是说程序违法与实质违法之间有明确界限。例如,杰克·戈登史密斯和尼尔·凯亚尔(Neal Katyal)认为,在刑事审判中允许"可能不符合美国刑法条款和罪名"的推定证据的存在(当推定证据通过刑讯获得时),这可能会令程序问题转化为实质问题。在所谓的程序方面,司法和立法部门在防止执法滥用权力上可发挥重要作用。它们通过强制行政部门证明有需要行使自由裁量权的必要性,从而维护法律的完整性。无论这在违反法律程序的事实出现之前或之后,在合法行政的情况之下,这都是次要考量。当行政部门无法获得合法授权时,事后发现的程序违法对生命或自由的影响不会立即显现。此外,司法部门和立法部门以对特定行政制度不那么顺从来表明态度。这些似乎与克莱纳曼对行政权力的观点并不一致。

相比之下,行政人员可以拥有违反法律的特别权力,这本质上是令人反感的,但这与上述情况不同。酷刑从根本上讲,不仅限于法律或宪法问题;没有必要为了证实这一点而提出普遍、客观的道德概

153

念。这是因为,一般来说,道德认可并不取决于法律程序主义或宪法理论,也并不会因为没有法律或宪法支持而缺乏权威性。

行政裁量权实质层面的终极问题在于,本身违反道德的行为是否在某些情况下变得正当。无论是在涉及国家安全的危险之下,或出于其他功利的理由。但若人类面临的危险真的如此巨大,这似乎破坏了行政裁量权作为总统或其他特殊官员独特权力的功能。在危机之下,只有格外崇高的人类共同利益,以及特殊权威才能进行道德合理性的判断。任何个人或团体,为了更大的利益而采取一些通常在道德上令人反感的行动,都应当为之。若真的有必要,无论做出何种解释,谁去做和如何做都不重要。当然,这也正是在道德的实质性上对政治必要性极度谨慎的原因。

总之,若人类共同利益足够崇高就可以将道德约束抛诸脑后;那么同样地,认为行政部门的权力约束还会存在也并不明智。这说明,仅针对即刻面临程序约束的行为,作为特别行政授权的行政裁量权才是稳定的。在道德的实质性层面,行政裁量权既受到必要性主张的干扰,又可能会被其取代,而这些主张是为违法行为辩护的。

154

第八篇　宪制理论、单一行政与法治

索蒂里奥斯·巴伯　詹姆士·弗莱明

这篇文章是某个大型项目的成果之一。这个项目探讨了单一行政相关理论本身，以及它对法治和未来整个宪法理论体系的贡献。正如我们所见，从某种意义上讲，单一行政理论早于约翰·尤这位布什政府辩护者提出的理论。更确切地讲，美国的宪法执行权是一种单一性权力，因此奥巴马总统可以在不经国会允许的情况下单方宣布关闭关塔那摩监狱，也可自行撤销布什针对一些保密事项的行政命令。他可以废止布什政府将酷刑合法化的备忘录，也可以在任期内驳回涉及酷刑的其他法案。然而，奥巴马无法在单方撤销上一任行政长官过激行为的同时，放弃单一行政权力。在任何情况下，想要质疑罗伯特·杰克逊法官对扬斯敦板材和管材公司诉索耶案件（Youngstown Sheet and Tube Co. v. Sawyer）的裁定，即认定"事件的紧迫性和当下的不可预测性"，都需要强大的行政权力。杰克逊法官之前的数代人就已提出了相同的基本思想，单一行政理论的早期支持者——亚历山大·汉密尔顿在《联邦党人文集》中提出，因为"无法穷尽危及国家安全的情形……任何宪法性限制都难以恰如其分地约束宪法赋予的权力"。

约翰·尤声称他的单一行政理论源于《联邦党人》。我们权且认为这是一个好的开端。然而，与《联邦党人》不同，约翰·尤未能在一个适当的背景下适用单一行政理论,即提出一个广义的制度协调理论。约翰·尤认为,"联邦党人捍卫总统的单一行政权力正是为了让联邦政府能够对来自危险世界的未知威胁做出反应"①,这是基于汉密尔顿在《联邦党人》第70辑中提出的,没有"行政能力"的政府不会是好政府的论断。行政事务上的单一权力正是政府能力的核心,有利于"决策、行动、保密和分配"。

但约翰·尤与汉密尔顿持不同观点。约翰·尤是特定历史时期下,特定政府或政党政策的支持者。汉密尔顿是从宏观上进行思考的。作为一个战略制定者,他将他的单一行政理论置于一个由不同权力集合而成的、相互制约的、广义的协调制度理论中。而约翰·尤未能像《联邦党人》所提示的那样,将他的单一行政理论嵌入协调宪法功能的一般理论中。

这种行政权力的广义背景分为三个层次。其一是制度背景,包括国会、法院、民主与法治等制度设定。其二是实质背景,指宪法制度所认同的宪法目的。其三是哲学背景,即关于人类利益和人类状况的观点,这被认为是实质上的善与制度手段的宪法性融合。约翰·尤的理论不是基于这个广义背景,按照他对行政权力偏颇、扭曲的理解,会得出一个惊人的结论:林肯做出的伟大行为是布什做出的无能行为的先例。在这篇文章中,我们将解释为何对宪法的学术性评论会做出这样的判断。

让我们从哲学背景谈起。我们曾在其他文章中提到过林肯,并提出从宪法意义上讲,行政权力有义务恢复或保障宪法性民主和法

---

① 约翰·尤还在美国传统基金会发表的一篇文章中说:"然而,宪法的文本和结构以及过去两个世纪的适用,证实了总统可以在未经国会批准的情况下开展军事敌对行动。宪法没有制定严格的作战流程,因为制宪者理解战争需要速度、决断力和保密性,这些只有总统保证。亚历山大·汉密尔顿在有关联邦党人的文章中指出,'行政能量是良好政府定义中的首要元素。保护辖区免受外来攻击至关重要。'他还认为,'战争的方向最需要行政权力的一些特质。'"

治的运行。我们认为，林肯挽救联邦和宪法的行为并无宪法授权。 158
这是为了挽救宪法而做出的超越宪法规定的行为？这并不矛盾，因
为忠于宪法常常以达成一些宪法无法保障的物质条件为前提。林肯
认为，除非让自己取代国会，拥有集结军队、批准支出和暂停人身保
护令的权力，否则内战就可能会失败。内战令各种宪法条款暴露出
不可调和的内在冲突。遵守一些条款意味着违背另一些；名义上要
求总统"审慎地执行法律"，却又要总统宣誓维护和捍卫宪法。宪法
没有针对这些冲突提供解决方案——因为，要求它对所有状况都做
出规定是不可能的。在某些情况下，所有人都希望可以做出符合宪
法规定的行为，即我们所说的宪制行为（尊重宪法的行为）——即使
没有宪法的明确规定，也应当是符合宪制精神的行为。这种观点在
战争年代比在和平年代更容易被接受，因为战争暴露了宪法的积极
性特征——它的最终承诺是实现诸如安全和全民福利等实质性目
标，还有一些附带的积极义务。

　　布什也并不反对这一点。当他在宪法框架下，保护国家不受恐
怖主义的侵害时，他就是一名积极的宪制主义者。然而，保守派宪法
学家并未意识到这一点。积极宪制主义公开宣称政府是集体诉求的
代理人。保守宪制主义倾向于将政府视为一种"必要恶"，但在对外
事务、军事事务、刑事审判，以及（对于许多保守主义者而言的）性道
德方面除外。这些例外足以暴露出保守主义者口中的自由意志论只
是一个托词。保守派在涉及他们的最终目标时，就像其他任何人一
样支持政府，如国家安全、法律和秩序（对于个人而非公司），以及选
择性的约束形式。然而，在保守派内部，反政府主义的面具是有效
的。保守主义者自视为当代的自由主义者，而非积极宪制主义者，其 159
社会观与对方阵营的亲政府主义左派相异。因此，他们并未详尽阐
释或维护他们宪制学中的社会观。他们自有一套积极的宪制主义，
但他们将其大而化之，并没有阐明这种积极含义。

作为蒂莎尼诉温尼贝戈郡社会服务部案（De Shaney v. Winnebago County Department of Social Services）的判决者,首席大法官威廉·伦奎斯特是消极宪制主义者的最典型代表。在《法律之外:战时的公民自由》一书中,伦奎斯特采纳了"战时法律失效"（inter arma silent leges）原则——即战争期间,宪法约束失效。对于伦奎斯特而言,当宪法的规范、权利和限制暂时失效——这实际上也相当于法律的失效,则一切都将倚仗行政权力。因此,伦奎斯特赞同林肯的部分,而非全部观点。他没有像林肯一样,意识到当宪法暂时失效时,行政权负有恢复环境条件,令宪法再次生效的积极义务。这些积极义务包括运用宪法规范、权利和限制对政府进行授权的内部要件(在林肯时代,其积极义务是消除分裂主义威胁)。总之,与林肯不同,伦奎斯特没有看到行政权力应致力于对宪制民主和法治的恢复与维持。

布什总统或许也意识到这一点,但保守派不承认积极的宪法性义务。在蒂莎尼案中,伦奎斯特大法官不承认国家"守夜人"的最基本义务:保护四岁的孩童免遭其暴虐成性的父亲可预见的(因为这曾经发生过并被完整记录)暴力威胁。布什认为反恐战争是永久性的,这令人们质疑恢复法治的可能性。

下面,我们将描述单一行政理论的制度背景。宪法确将总统置于一个(约翰·尤所说的)权力行使的战略框架中。我们可以区分出总统得到的授权和约翰·尤所设想的权力——后者指因总统在宪制体系中所处的战略位置而拥有的权力。然而,总统的战略性权力也可以是宪法性权力,如果它的最终形式符合宪法标准。也就是说,他必须以符合宪法规定的、可普遍适用的、可以被法院适用的法律法规的方式表达自己的意志。战略性权力最终必须与经过授权的权力、法治相互相协调。

更广义地讲,我们需要一种单一行政理论,它将行政权力置于冲突的宪法制度理论背景下。布什和他践行的理论都藐视国会和法院,并且不能容忍分歧、冲突或限制的存在。事实上,共和党控制的国会向这个观点做出了妥协。白宫共和党发言人丹尼斯·哈斯泰特公开表示，他的工作就是制定总统议程，而不是将国会视为一个监督行政权力的机构。静观哈斯泰特的言行，仿佛这个国家采用的是议会制，而非权力制衡下的总统制。

根据玛利亚·塞斯伯格（Mariah Zeisberg）和杰弗里·图利斯（Jeffrey Tulis）详尽阐述的冲突型宪法的制度理论，国会有责任，不仅是作为行政权力的代表执行或推迟执行行政行为，还要与行政权力形成竞争关系。总统布什、副总统切尼和卡尔罗夫都付出了一系列努力去建立一个实质上的议会制度，以取代总统制度的制衡。他们希望建立一个永久性的共和局面，有单一行政和单一行政领导，并得到国会和法院的支持——而非美国宪制体制中的分立权力和审议政治。他们试图利用秘密行动和恐惧心理进行治理——利用一种持续的反恐战争，让公众在制定重大政策上一直处于懵懂状态，维持一种持续性的公民恐慌。为达到这些目的，他们主张将那些反对派——宗教福音人士，认定为有罪或叛国。除了他们的保密行为和把批评者视为叛徒和异教徒的行为，没有更明确的迹象能够表明他们对宪制抱有敌意。他们不是忠实的反对派，但反对他们却表示不忠于国家。

这些野心反映了布什认为他的直觉就如上帝的意志和市场看不见的手一样，这种态度与美国建立时科学制定的政治规划不一致。实际上，布什为国王的神圣权力创造了一种现代模式：与上帝直接沟通的那些永远正确的行政高管并不需要细致的规制性程序；他们只需要执行流程来将他们永远正确的理念付诸行动。

鉴于布什当局给国内外带来的影响，宪法评论应倾向于另一种总统权力模式。其中，替代方案之一是早期的汉密尔顿模型——权力巨大但机构设置明确。这一模型包括具有体制认同感和忠诚度的立法者，以及与行政权力有竞争关系并实施监督的法院。我们没有理由反对汉密尔顿型的总统权力——这是一种仍处于制度框架内，并对其规范负责的模式。在这一框架下，对总统权力的监督是公开的，可以很好地规避犯错。这一观点可能会让国家免于承受与布什时代相同的后果。

总之，行政机构存在于包括国会和法院在内的制度背景下。总统也并不是孤立存在的。即使当紧急情况迫使总统要采取超出宪法框架的行动，他也必须像林肯一样获取国会和法院的事后批准。这意味着总统的行动必须符合宪法的形式与实质性道德标准。战时的保密可能至关重要，秘密机构（如布什的外国监狱）的隐秘性战胜了对民主和法治至关重要的公开性。约翰·尤假设"反恐战争"可能是永久性的，因而低估了由国会和法院代表的机构和原则的公共责任。这使汉密尔顿"单一但有依据、有监督"的行政权转变为布什的"单一而孤立和至高"的行政权。

最后，我们讨论单一行政的实质背景，即宪制的好处（善）或最终走向。这一背景包含三点要素：善的等级——大型商业化共和制中的善；公民或至少是大型商业共和国领导层的一系列适当品质；还有这些善和品质指向的美德。

联邦党人将行政权力置于一个美好图景之中，即宪法作为一种工具存在的最终社会走向。宪法的善或走向会预设一些态度、美德和品格。大多数批评约翰·尤的理论（以及布什对它的践行）的自由主义者都找错了方向。因为这些自由主义者，比如保守派，已经切断了与更广义的宪法目标以及与这些目标相伴而生的公民品格的联系。因此，当今对宪法的评论——无论来自保守派或是自由派——大部分都忽略了实质层面的宪法目的和公民个人品格。

约翰·尤的观点不仅来自《联邦党人》，也来自林肯的举措对布什理论的授权和对行政权力的践行。亚伯拉罕·林肯与乔治·布什之间最大的不同，在于布什没能意识到行政权力更广阔的宪制背景，以及那些意识到自身错误和对他人责任的人通过对真正善的追求而表现出的态度。约翰·尤确实意识到了这一背景的所有内涵，他用每个人都知道(我们暂且这样说)的术语说明了:乔治·布什绝非亚伯拉罕·林肯! 换言之,布什和切尼的问题,还有他们对行政权力的看法,在于他们缺乏对宪法目的以及为达到那些目的而预设的态度和品格的认识。

后布什时代,行政权力学家将不得不重新审视权力、权力的目的和掌权者的品格之间的关联。这种联系只能通过重建宪法机构与宪法目的之间的关联才能实现。宪法权力必须服务于公共目的,就像其在序言中所列的那些。并且,因为这些目标是有争议的,宪法权力必须服务于一种健康的政治形态——这是一种在不断变化的情况下阐释出最佳宪法目的的政治。布什政府之后,我们必须将我们对行政权力的认识与对宪法目的的理解重新联系起来,即这种权力就是要追求,而这种追求需要智力和道德的美德。

任何此类项目的障碍都来自观念和文化。观念障碍包括相对主义、道德怀疑主义、偏好功利主义和宗教教条主义。原因在于它们都以自己的方式掩盖了理性行为者追求真正善的审慎和自我批评的态度——这种善包括他们可能犯错的内容和方式。学术上的道德相对论和道德怀疑论在法学和社会科学领域完全忽略了当代哲学(道德建构主义和道德现实主义)的发展,这种发展证明了普通政治生活假设的合理性,其中包括了对美国宪法架构的假设。政治的最终追求是真正的善,而非表面的善或由主观偏好认定的善。

163

市场经济催生了文化障碍,而这种障碍强化了相对主义、道德怀疑主义和偏好功利主义。在卡特尔年代,因放松管制政策带来的经济危机,以及布什当局为国家带来的更大的灾难,都会激励学术界重新思考哲学上过时的正统观念。这些观念正是从抽象的角度和关于特定历史人物、运动和发展的角度,将价值和品格问题转化为智力资源。换言之,学者们必须重新思考那些排除掉诸如"布什不是林肯"命题的正统观点,因为它们会使观察者们误认为我们所拥有的强悍论据就是现实。重新审视学术正统观点会成为上文提到过的克服文化障碍的第一步。

随着布什时代的到来,"规范性法律"时代已经过去,宪法学家应当要开始思索一些非传统术语了。在这个过程中,宪法学家需要更深入地理解宪制承诺、制度审查,以及宪法的善、品质和美德的广阔背景。关于单一行政的理论化以及法治的维持或恢复,也必须进行更深远的考量。

第三部分

军事干预后的法治建设

第九篇　基层正义？建立在冲突社会中的国际刑事法庭与国内法治

简·斯托姆斯

一、引　言

在军事干预后建立法治是当今世界许多地区的当务之急。从阿富汗到伊拉克，从塞拉利昂、东帝汶到巴尔干，还有许多其他地区，国家领导人和国际力量都在努力巩固脆弱的治理结构，建立真正的安全，完善司法制度，在暴力冲突之中或之后重塑公众对这些机构的信心。建立对法治至关重要的制度是困难的——包括能够符合程序正义和基本人权运作的法院，让充满怀疑的公众意识到，改革后的全新制度可能更难值得信任。

当受冲突影响的社会又遭受可怕的、令家庭和社区感到不安的暴行时，这种挑战就更大了。大规模的暴行给个人和家庭带来难以言说的痛苦，并且往往会使人们对邻国、国家当局和司法机构存在深深的不信任感。想要在法治中建立公众信任，最重要的是要让公民感到安心，认为从今以后，不会再允许出现此类虐待行为，人们将被保护免遭侵略性的国家和非国家主体的伤害。

169

170

当然,挑战在于如何去实现。由于脆弱的社会需要努力巩固和平并向前发展,对过去虐待行为的问责和纠正可能会造成分裂和困境。不同的组织和个人对于如此迫切地寻求正义可能持强烈的反对意见,特别是在资源有限、国内司法系统薄弱以及和平局势相对脆弱的情况下。有些受害者可能会要求对罪犯进行审判和惩罚,而另一些受害者可能更加强调公开他们的遭遇并给予赔偿或以某种形式进行援助。进一步讲,在那些有罪不罚现象占主导地位的社会里,用枪说话的社会里,法律机构已经被特殊组织控制、无法取信、功能失效的社会里,国内法律机构可能根本无法提供一个可靠的壁垒来防止有罪不罚现象或以暴力追寻正义的行为。在这种情况下,国际刑事法庭越来越多地介入,以填补漏洞。

在过去的 20 年间,国际刑事法庭——或结合了国内和国际法官和律师的"混合"法庭——已成为许多国家冲突过后转型的一部分,特别是涉及针对平民的大规模暴力的冲突。联合国安理会于 1993 年成立了前南斯拉夫国际刑事法庭(ICTY),并于一年后成立了卢旺达国际刑事法庭(ICTR)。这些法庭都是伴随着直接出现于冲突后社会而非远离战争地区的新型混合刑事法庭诞生的——在东帝汶、塞拉利昂、波斯尼亚、黑塞哥维那和柬埔寨。国际刑事法院(ICC)的建立(于 2002 年管辖权生效),增设了一个永久性的国际法庭,有可能更广泛地产生更大的长期影响。这些法庭重点调查涉嫌犯下国际罪行的个人——如种族灭绝罪、危害人类罪和战争罪——并以符合国际标准的正当程序,提供公平公正的审判。

过去 20 年里创建的国际和混合刑事法院在国际上取得了重大进展。这些法庭已经起诉、审判并裁决了一些高级别的政治和军事人物——包括前国家元首——因为他们犯下的恶劣的国际罪行,改变了这种罪行不受惩罚的情形。这些法院发挥了不可或缺的事实调查作用——建立一份关于涉案者所犯的恐怖罪行,涉案者的刑事责任以及受害者遭遇的正式记录——这是一份在未来不能被简单否定或忽视的记录。这些审判还开创了一些具有教育作用的法律先例，将全世界的注意力集中在禁止种族灭绝、危害人类罪和战争罪的国际法基本规则上。尽管这些法院需要面对一些挑战，但他们正在改变国际司法格局。

然而，这些法院在忍受暴行的当地社会，影响却不那么显著。这些法庭出现前的刑事审判是否影响公众对社会公平正义的理解和信任？国际刑事法院——以及将国内、国际法官与律师结合起来的混合法庭——是否会持久地为建设国内司法和法治能力作出贡献？这些问题都是极其重要的。因为未来禁止暴行的关键是养成国内司法和法治能力。然而，尽管多年来为这些法院投入了大量的资源，但其实际的国内影响仍收效甚微。因此，未来几年的一项重大挑战，将是更好地了解和加强国际和混合刑事法庭对最直接受影响的国家的基层正义的贡献。

但是，我们应该如何评价"基层正义"——它可能会带来什么，我们如何评估是否取得了进展以继续推进进程？法庭如何具体地以非常实际的方式更好地实现它？这就是我在这篇文章中想阐述的问题。我以禁止灭绝种族罪、危害人类罪和战争罪这三种公认罪行的国际法和国际适当程序标准为出发点，重点讨论国际和混合法庭对"基层正义"作出的贡献以及国内法治建设问题。在这个过程中，我将借鉴和参考我合作撰写的著作（与法律教授大维·维普曼和罗莎·布鲁克斯共同撰写），题为《权力能创设权利吗？军事干预后的法治建设》（*Can Might Make Rights? Building the Rule of Law after Military Interventions*）。此书旨在了解外部干预者和地方改革者在试图加强冲突缠身社会的法治时所面临的巨大挑战，并为可能完善的事项提供适当建议。对于法治的概念，书中提供了一个有意义的实践性定义，不仅包括基本的人身安全和运作正常的、程序上公平的、合乎基本人权的法律制度，而且强调法治建设也是对法治观念的文化承诺和公众信心。这也是我在本文中将进一步论述的问题。

172

二、从国际刑事法院到当地司法

当国际或混合刑事法庭起诉暴行罪时，他们当然必须把重点放在其核心目的上，即在公平和公正的诉讼程序中将个别犯罪者绳之以法，这也符合国际正当程序标准。这些复杂而重要的审判不可避免地需要大量时间、财政支持、奉献精神和专业知识。然而，看似适度加强其国内法治影响的努力可能会在建立公众理解和法律信任上发挥真正的作用。毕竟，当地人民遭受了暴行，为他们提供有实际意义的正义一定是我们评估国际刑事司法贡献的重要因素。否则，国际和混合刑事审判会有成为"宇宙飞船"的风险：他们到来、工作、离开，留下一群迷惑不解、茫然无措的国内民众，不解于这些"访客"所做的与当地的可怕现实有什么关系——这些现实往往包括绝望的、资源不足的国家司法机构，有限的公众意识或法律宣传，缺乏训练有素的法官、警察、检察官和辩护律师，糟糕的监狱，政府问责或透明度的缺失，以及农村地区公众诉诸司法的有限机会。在这里仅举几例反复出现的问题。事实上，如果国际和混合法庭的工作与在受冲突影响的社会中加强国内法治完全脱节，则它们的最终影响将不确定。此外，如果这些法庭不能消除公众对司法工作的忧虑，又单纯地忽略了当地对正义的看法，它们可能会破坏公众对公正的信仰，让愤世嫉俗与绝望无助的气氛弥漫，无法建立公众的正义和法治信仰。

2004 年夏天，在我访问塞拉利昂时，这些问题的重要性和紧迫性直接对我造成了打击。那时针对塞拉利昂问题，由国际和国内法官、律师和行政人员组成的混合刑事法庭特别法庭开始了它的第一次审判。

特别法院令人叹为观止的新建筑——这座建筑的流线型造型与塞拉利昂首都弗里敦的优美山脉遥相呼应——才刚刚开放。前内政部部长萨姆·辛加·诺曼（Sam Hinga Norman）和其他两人在码头，我坐在画廊里，同塞满了整个房子的塞拉利昂人，还有少数几位逃亡者一起，我听到第一位焦虑的证人在为他目睹和忍受的残忍暴行作证。然而，庭审开始后，画廊中的几位观众大声欢呼，支持被告诺曼，许多人认为他是国家的捍卫者，反对残酷的革命联合阵线（RUF）的反叛分子。并且，在诉讼间歇和稍后的谈话中，许多塞拉利昂人向我表示他们的沮丧，因为其他人并没有受到审判：那个砍断了我的手，就住在街上的人呢？一名截肢者哀嚎道。因此，人们是否能从新法院的诉讼中获得关于正义的复杂信息从一开始就显而易见了。

那么国内司法系统呢？特别法院崭新的建筑、有空调的大楼和充足的电子办公设备，与维多利亚时代热闹而破旧的塞拉利昂国家法院形成鲜明对比。我所认识的国内最高法院法官，几乎都因缺乏行政支持与司法资源而充满挫败感，特别是当他们将自己与分配到特别法院的人相比较时。律师和公民对于国内司法制度缺乏公信力和当下面临的拖延、政治干预、有限资源等问题都有相似的态度。因此，关于新的混合法庭如何加强国内司法能力——而不是与之竞争——这个艰难的问题立刻出现在我的脑海中。

简言之，当我抵达塞拉利昂时，对国际刑事司法项目充满希望——特别是对位于受影响国家的混合法庭的前景——是我即刻需要面对的当地的复杂现实。并且，在反思我在塞拉利昂和其他地方的经历时，我一次又一次意识到了很多巨大差距：流向国际和混合刑事法庭本身的资源、关注度与非常有限的对这些法院如何具体地影响到社会正在进行的建立司法系统的矛盾，如何强化法治，如何加深公众对司法公正的信心之间的巨大差距。

以这些为背景，我将在本文做以下四件事情：

（1）我将探讨"基层正义"的问题——我们如何才能深入思考，以及如何切实地期望国际和混合法庭作出贡献？

（2）我将着眼于最近的经验，特别是在塞拉利昂、东帝汶和柬埔寨的经验，以更好地理解推进"基层正义"的一些困难和挑战。

174

（3）我将研究国际刑事法院的到来如何对"基层正义"产生影响，特别是关于乌干达当前的局势。

（4）我将以一些具体的行动建议和进一步的研究方向作为结束，目的是确定那些参与其中——并且感兴趣——的国际和混合法庭可以更好地推进"基层正义"的实践。

在提出进入这些问题的研究之前，让我先从对国际刑事司法前景的保守估计入手。1993 年，前南斯拉夫国际刑事法庭设立，当时我们对国际刑事审判的复杂性已有一定了解。首先，我们需要以更加保守和现实的态度对待实施国际审判想要达到的目标。这些审判只能关注有限数量的潜在被告，法庭的管辖权被局限在一个有限的、可能是更大冲突前的时间范围内（通常是出于政治原因），国际上所谓的支持往往无法提供与意愿相符的资源、政治支持或实际援助。因此，这些审判不可避免地只能达成有限的、不完美的正义，而相应的审判也常常会留下"正义的鸿沟"，因此这破坏了他们在当地受众中的可信度，也可能不会选择当地最想达成的问责方式。总之，我们不能简单地认为，在这些法院进行的诉讼必然会向众口难调而又充满疑虑的国内受众传达关于公平正义的正面信息，而需要更系统地去了解和处理他们的批评，并传达诉讼的价值和目的。

此外，1993 年以后的第二个教训也很明确，那就是刑事审判只是一个方面。法庭经常需要其他问责机制和正义机制的补充。例如，真相与调解委员会可以更充分地说明冲突及其原因和后果，为被害人的直接参与提供更多机会，推荐意义深远的纠正措施，降低罪犯数量并寻求和解，像在东帝汶一样，通过和解协议和程序重新融入社会。特别是在大量肇事者永远不会受到审判，以及受害者在与贫困和燃眉之急作斗争的情况下，需要其他机制来落实当地的正义和公平。

国际机构已经意识到的第三个教训（恐怕已经有些迟了）是要更多地关注遭受暴行的国内人口的目的、优先项，以及现在必须规划的崭新未来。如何很好地面对过去，以及追求什么样的问责制，是一个困难的问题，不同的社会最终可能有完全不同的目标和优先项。此外，在这些社会中，各种组织和团体可能会对何为优先项持异议。例如，在东帝汶，总理和前总统萨纳纳·古斯芒一直强调和解和推动社会正义的重要性，而其他人（包括接纳、真相与和解委员会在其报告中）继续强调刑事起诉重大罪犯的重要性。当然，每个国家的独特背景和能力将对战后正义的可能性和实现机制产生深远影响。此外，尽管国际资金和注意力往往更多地流向国际与混合问责制，而布什有着迫切需求的国家司法系统，但是如果稳定的法治状况想得到巩固，这些需求就必须得到回应。

如果这些和其他经验教训是在强调需要多方面的问责程序，那么它们也表明国际和国内机构越来越关注在问责程序结束时的遗留问题——技术和能力、思考与实践的新习惯。但是，不同的问责措施对加强饱受战争摧残的社会的国内法治的影响并不都是直截了当的。在很大程度上取决于问责程序如何进行，诉讼程序对地方司法的改变程度，以及这些程序是否以持久的方式提升国内司法能力。

三、基层正义

接下来，让我们直面"基层正义"这个难题。问责制程序如何有助于加强战后社会的法治？关于正义的具体信息以及对国内司法系统的实际影响可以通过国际和混合审判得到印证？在探索这些具有挑战性的问题时，我将重点讨论审判可能做出的两个贡献：其一，我称之为示范效应；其二，我称之为国内法治能力的建设效应。以这些方式实现基层正义应当是我们在评估国际刑事司法对国内法治建设贡献的一部分。下面我将依次详细阐述。

177

1.示范效应

暴行的刑事审判必然会向正在意识到诉讼程序存在的民众传达正义的信息——这些信息可能会树立或破坏公众对法治的信心。实际上,在我看来,最理想的情况是国际和混合刑事审判传达以下三个关键信息:

首先,审判应让大家意识到,某些行为是越界的,由刑法规制并向个人追责。具言之,无论在任何情况下,种族灭绝罪、战争罪和危害人类罪都是不可以接受的犯罪,并将受到普遍谴责。

其次,审判应明确揭示:犯下这些罪行而不受惩罚的现象正在被消除。考虑到所有的制约因素,有罪不罚现象虽尚未杜绝,但公正和问责制是可能实现的,而那些犯下罪行的人——无论其社会地位如何——都不能认为自己不会受到惩罚。就算不是现在,那么未来也存在受审和问责的可能性。

再次,对暴行罪的审判应该旨在向人们宣告司法具有公正性。公正的司法当然必须包括无偏私的程序和正当途径。如果审判是假的,如果程序受到严重影响,那么诉讼将削弱针对普遍受谴责的暴行的司法的公正性。但公正司法不仅仅是公正的程序。它也涉及实质层面:无论哪个人或哪个组织实施了这些行为,都可以针对相应犯罪同案同诉吗?身份地位较高的被告人以及直接犯下暴行罪的人是否面临审判?简言之,问责程序旨在通过对个别被告的公正审判来证明暴行是不可接受的、会受到谴责的和不应被重复的。他们的目标是具体证实问责机制的存在,并向大众展示问责机制。

为什么这种示范效应对于"基层正义"很重要?理由是很确凿的。对于暴行的受害者以及经受更多的冲突后、处于恢复中社会的人而言,公平的审判可以证明有罪不罚现象正在减少——即使只是在部分地区实现了这一点。提一个正义的具体案例,证明可以以法治重塑公众信任。最直接的是通过处罚暴行的实施者可以控制对权力的滥用。刑事审判（以及诸如严格审查等程序）可以向公众保证，社会已不会再容忍几乎完全免责的有罪不罚旧模式。这有助于通过威慑来打破以往的规则模式，并开始建立公众对司法公正的信念。此外，程序正义的审判强调尊重所有人，包括被指控犯有严重暴行的被告人，并为本国民众提供司法公正的实例——因为这些民众往往是基于过去的痛苦经历，而对司法程序充满怀疑的。

这种示范效应不仅对受害者和加害者意义深远，而且对更多公众，包括那些暴行的旁观者十分重要。正如马克·德拉布（Mark Drumbl）所说，通过具体地指出某些行为受到谴责以及个人问责制可行性，审判可以确定暴行的非法性和"道德上的不可接受性"，并有助于防止对普通公民灌输支持或容忍大规模暴力行为的潜意识。同样，正如前南斯拉夫国际刑事法庭在布拉斯奇案中所述，惩罚的目的之一是"旨在影响被告人、受害人、亲属、证人和公众的法律意识，形成积极预防措施，以便向他们保证法律制度已经得到落实并执行"。特别是在那些一直受到有罪不罚现象困扰的社会以及对司法或法治缺乏信心的社会，正义的审判证明，即使是那些具有政治和经济威慑力的人犯下严重罪行也会面临追责。这可能会使公民有理由期待（并要求）未来的问责制和更正义的司法程序。

然而，在冲突后的特殊社会中，这种积极的示范效应是否存在，将很大程度上取决于受影响人群是否对审判有认知并认为其正义合法，即使这不尽完美。实质的正义对当地民众而言可能特别重要：如果"大人物"获得释放，而少数犯罪者被追究责任——或者，如果直接犯罪人无须面对任何审判或追责——诉讼程序可能会产生适得其反的负效应。他们可能会传递一种信息，即司法并不公正，以前的有罪不罚现象仍在继续，深层次的不满情绪不会得到释放。完全没有追责也会发出类似信号，并导致对司法机构的持续不信任和对法治的悲观主义。例如，在阿富汗那些由指挥官和军阀作为法律代名词的地区，有罪不罚现象是一个持续存在的问题。目前，许多阿富汗人更

179

直接关注的可能是对当下（而非过去的）暴行的追责。当然，这两者显然是具有相关性的。因为，习惯于在过去不受惩罚的军阀，现在仍旧公然继续实施着暴行。

这提出了一个阻止不当行为的问题，这是对起诉暴行实施者的另一个正面示范效应。理想情况是，对于实际犯罪者以及将来可能参与（或容忍）此类行为的其他人的零接受，并且也不再出现有罪不罚现象。随着时间的推移，这些可靠的证明会开始改变人们对行为后果的计算。当像利比里亚前总统查尔斯·泰勒这样一个的强大人物因严重罪行受审时，他被剥夺了权力，并被迫下台——他在西非的肆意妄为受到限制。除此之外，其他高层人士也不能完全肯定他们不会有同样的命运，那些级别较低的人更会对暴行三思而后行。

180　　但我们需要现实些。虽然审判可以拒绝和防止特定的个人再次犯下暴行，但有关威慑和阻却的其他证据仍然难以确定。而且，虽有如此多严重暴行，但处罚的可能性仍然渺茫，起诉最多只能算努力之一。此外，在真正绝望的情况下，例如在乌干达长期冲突中，上帝抵抗军（LRA）的叛乱分子强行招募儿童兵并强迫他们进行自杀式袭击。然而，为了杜绝有罪不罚现象，显然需要在远离冲突的地区进行刑事审判。

预防需要的不仅仅是采取措施，通过起诉罪犯来劝阻个人犯罪。随着时间的推移，有效预防意义更深远，这通常需要更多举措。其中包括制止暴力流血事件，通过建立法治来杜绝有罪不罚现象——如建立有助于加强新的行为规范和新的问责制度的体制和文化态度——以及解决背后可能引发长期冲突的不满和不平等现象（我会很快转向国内能力建设研究）。暴行的个人责任虽然非常重要，但显然只是这种更浩大的预防工作中的一部分。

简言之，我们要承认，在受冲突影响的社会中，杜绝有罪不罚现象并向国内民众证明司法公正的存在是个巨大挑战。我们不能简单地认为，保障司法公正一定要落到国际或混合法院身上。相反，特别是考虑到国际司法的不完善和局限性，以及为消除暴行实现责任制面临的巨大挑战，法庭必须更加努力地引导当地民众参与，而他们往往因先前国内司法机构的表现而存在很深的悲观情绪。此外，即使是国际领导人认为程序上完全公正的国际审判，也可能遭到受冲突影响的社会民众怀疑。例如，想解释在瑞典监狱进行监禁的长期国际审判为何是公正的，可能需要付出相当大的努力。还有，尽管国际和混合审判的幻灭可能会加剧国内群众对司法公正的怀疑——有很多这方面的证据——我们需要更深入的研究才能充分理解可信的问责程序如何能真正有助于建立公众对司法机构的信任。如果法庭希望建立而不是破坏司法公正，就必须更加系统地了解国内受众的批评和关注点——以及在这些关注下所需要做的有意义的外展工作。

181

2.能力建设效应

追求基层正义不仅仅是通过公正的审判来证明严重罪行的有罪不罚现象正受到遏制。国际和混合法庭可以在国内推动法治发展的第二种方式是通过具体的能力建设。问责程序不应简单地脱离正在进行的一般性改革。相反，随着时间的推移，责任制规范——对残忍暴行的谴责，程序公正对确定责任的重要性，以及更普遍地解决未来争端的有效和公正程序的必要性——必须纳入国内实践之中。这种能力建设是至关重要的，因为预防未来的暴行并建立公众对非暴力冲突决议和法治的信心，将取决于国内司法系统实现公平正义的真正能力。

然而，常年资源充足的国际法庭和捉襟见肘的国内司法系统是两个完全独立的世界。如前所述，国际和混合法庭有舒适、精良、配备空调的办公室，有计算机和充足的行政人员，这与只有破败不堪的法院、有限法律资源、很少薪水的法官和最少的行政支持与行政供给的国内司法系统形成鲜明对比。此外，富有的国际和混合审判法庭可以与国内捉襟见肘的司法系统争夺国际资金和关注度，这会在国内需求短缺时制造紧张和不满。例如，在卢旺达，政府和普通公民都对在坦桑尼亚阿鲁沙的国际法庭花费数百万美元感到愤慨，因为卢旺达本国的法律系统濒临绝境、需要援助。但是，这些挑战更多地从一开始就引发了系统性的思考，关于国际法庭如何通过公平审判来推进正义建设，同时也从根本上为基层正义做出更实质性的贡献。

如果国际和混合法庭的目标是在推动当地司法方面产生持久影响，他们应该更加关注如何以以下两种关键途径协助国内能力建设。首先，这些法院可以对暴行影响下的国内司法系统提供切实的，即使是微不足道的援助。这是基层正义的供给方。国际和混合刑事法庭通常享有一定程度的国际支持，而这种支持正是国内冲突后司法系统梦寐以求的。可以理解的是，这些国际资源的重点是在符合国际司法标准的公平审判中起诉被告的基本任务。但是存在协同增效的机会——也就是说，国际和混合法庭可以在完成它们自身推进司法的重要工作同时，为提升国内法律能力做出切实贡献。

这种协同增效的进路当然会有所不同，具体取决于法庭的类型和受影响国家的情况。在那些暴行幸存下的国家的混合法庭可能最有能力通过提高参与法庭工作的当地法律专业人员——如法官、检察官、辩护律师、行政人员和调查员——的技能和经验，直接建设国内能力，如果国内参与者最终留在该国为国内司法系统作贡献的话。混合法庭还可以对国内司法系统产生其他影响——例如，为国内法官和律师提供学习班、培训调查人员、进行证人保护等等。但这些益处不是自动生成的，它们的实现需要周密的计划、充分的资源和对现实政治的挑战——当法庭直接建在受暴行影响最严重的国家时，这些挑战都是不可避免的。即使当国际刑事法院在海牙举行审判时，仍然存在促进国内能力建设的宝贵机会，例如开展针对国内法学家、律师、民间社会领导人以及普罗大众的讲习班、讨论和外展活动（包括通过无线联络方式的活动）。无论是何种形式的援助，相关人员都应该寻求协同作用，这将有助于加强国内司法实践能力。

第二种国内能力建设也至关重要，那就是教育和赋权市民社会——包括个人和团体——建立法律和政治机构的司法与问责机制。我们可以称之为基层正义的需求方。建立法治，加强公众对司法的要求和信心与建立更好的法律制度同等重要。在一个发展中的司法系统里，如果人们对自己的权利和信心缺乏认识，他们就不会寻求这个系统的帮助来解决争端，或忠实于正在进行的法治建设项目。

通过将国际罪行的法律责任追究列入国家议程，刑事审判（以及其他问责机制）会成为公众参与重要司法问题的焦点。法庭工作人员周到的外展宣传可以增强公众对司法诉讼的了解；地方和国际非政府组织（NGOs）可以将这些效应放大，通过努力向普通公民宣传问责制和司法公正的重要性，并对冲突后的政府施加压力，以遵守国际法禁止战争罪、种族灭绝罪和危害人类罪的基本准则。通过参加当地非政府组织进行的司法和问责制工作，鼓励在学校和广播电台进行讨论，以及向可能获得有限司法和政治权力的人群伸出援助之手，法庭可以强化公众对司法的需求来产生强化型连锁反应，并在法庭工作结束后仍会有持续效果。

政治学家贝丝·西蒙斯在其新书《人权动员：国内政治中的国际法》中提到了，批准人权条约如何通过将国际规范纳入政治领导人的国内议程来改变国内政治的动态。公民在有理由相信组织权利可能会切实改善他们的处境时，最有可能会参与进来。当深受其害的国家承诺对国际暴行罪进行公平审判时（即使做不到尽善尽美），也可能会呈现类似态势。

然而，远离受暴行影响最严重的人们进行的审判不可避免地会以我描述的方式在现场推进正义，至少在缺乏系统性的国内外展服务或直接能力建设的情况下。即使他们起诉并从国内权力结构中剔除主要实施者，这些审判也必须在国内以司法方式解决，并在基层产

184

生正面效果(国际刑事法院日益广泛的影响——以及它对国内审判促进和催化的作用——稍后将在本文第六部分进行讨论)。受暴行影响国家的混合法庭——拥有着强大的国内参与和外展能力——在给基层留下有形遗产方面具有一些内在优势。然而,混合法庭在证明国际犯罪的有罪不罚现象正在被消除,但司法公正的可能,或国内司法能力的加强方面,也同样面临一些困难。审视几个不同的冲突后社会的经验可以帮助理清实践中推进基层正义的许多实际困难。

四、基层考察:对司法公正的示范?

甚至在经历过暴行的国家建立的混合法庭也面临诸多挑战,在公正司法中建立公众信任或提升国内能力方面的挑战。回顾塞拉利昂、东帝汶和柬埔寨的不同经历,我们看到了一些难度最大的挑战以及一些充满希望的尝试。

185

1.塞拉利昂的特别法庭

塞拉利昂遭受了一场长达 10 年之久的内战,平民承受了极大痛苦:战争夺去了大约 75000 人的生命,并使该国 1/3 的人口流离失所。当局犯下了残酷的反人类罪和战争罪,其中包括强迫招募儿童兵、截肢、即时处决、强奸,绑架妇女完成"强制婚姻",恐吓平民及其他罪行。

2002 年,塞拉利昂在以英国军方为代表的军事干预下恢复和平。塞拉利昂政府和联合国同意设立塞拉利昂问题特别法庭。该法庭有权审判自 1996 年 11 月 30 日以来,在塞拉利昂"对违反国际人道主义法行为负有最大责任的人"。

塞拉利昂特别法庭是有意设计的,用以克服纯粹的国际或国内问责制审判的一些局限。法院是一个由四个部门组成的"混合"法庭——审判庭、检察官办公室、辩护办公室和登记处——其中包括国际人员和塞拉利昂工作人员的有效组合。

特别法庭位于塞拉利昂首都弗里敦，相对于遥远的国际法庭，它在地理位置上与心灵层面上都与该国人民更加贴近。当地法官、律师和其他塞拉利昂国民（例如活跃的拓展工作者，他们都是塞拉利昂人）的参与令特别法庭具有更大的地方合法性，令塞拉利昂公民福利最大化的同时拥有更强的获得感。因此，法院会以与当地人产生有效共鸣的方式实施问责制。

其次，在塞拉利昂设立法院——包括国家参与各级工作——为能力建设提供了更好的机会，并为国家司法系统做出切实的贡献，其中包括资源、设施和培训。它还有助于加深公众对法庭工作的了解，这会对当地居民产生更直接的影响。

国际力量的参与也为法院带来重大收益。在联合国的支持以及许多国家的捐助下，特别法庭的资源和信誉度都远超陷入困境的国内司法体系——后者正受到公众信心低下和腐败等问题的困扰。国际参与和资源有助于确保特别法庭的诉讼公正并符合国际适当程序标准。

（1）示范效应：对有罪不罚现象的打击

通过指控那些在塞拉利昂残酷冲突中负有最大责任的人，该法庭剥夺了他们的权利，防止他们再次犯下这种暴行。塞拉利昂人都知道这些人是谁。他们把前利比里亚总统查尔斯·泰勒列为榜首，其次是另外两个：塞拉利昂革命联合阵线指挥官福迪·桑科和萨姆·博卡里将军（桑科死于羁押中的自然原因；博卡里和他的家人在利比里亚遇害，据称是泰勒下的命令）。

坐落于海牙的特别法庭在召开小组讨论会之前审判了查尔斯·泰勒，这是一个非常重要的信号，表明即使是最高层的领导人也不能凌驾于法律之上。泰勒被指控犯有 11 项罪行，有危害人类罪、战争罪和其他严重违反国际人道主义法的罪行，包括恐吓平民、谋杀、强

186

奸、性奴役和使用童兵。塞拉利昂的绝大多数人都支持在特别法庭起诉他。对他的审判是对有罪不罚现象的致命打击,说明了即使是"大人物"也要面临正义审判。

事实上,数百名塞拉利昂公民聚集在特别法庭附近的弗里敦山区,目睹了 2006 年 3 月的戏剧性时刻,当时查尔斯·泰勒被拘留并进入弗里敦。泰勒在该地区的安全隐患导致特别法庭和塞拉利昂政府最终要求在海牙进行审判,并于 2006 年 6 月将泰勒转移到海牙。当然,许多塞拉利昂人对他没有在本国接受审判感到失望,因为这令当地居民难以了解诉讼的具体情况,空间上的距离限制了当地居民直接参与案件的可能性。但特别法庭的公共事务处和外展办事处已采取措施,以多种渠道向人们传递诉讼进程和诉讼摘要。

(2)示范效应:对司法公正的第二重保险

毫无疑问,特别法庭面临着一些独特的挑战。为了向塞拉利昂人民证明针对暴行的问责制是有意义的,司法是公正的,法院的诉讼程序必须被认为是普遍合法的——无论在实质(谁因何种罪行被起诉)或程序层面。在这方面,对犯罪人的指控所表明的事实、法院已经对塞拉利昂冲突中所有主要群体——革命联合阵线(RUF)、武装部队革命委员会(AFRC)和民防部队(CDF)——的领导人进行了审判和定罪,在证明没有人超越法律并避免"胜利者的正义"的观念方面一直至关重要。即便如此,仍有若干困难令塞拉利昂的审判合法性问题变得复杂。

首先,令许多塞拉利昂人感到沮丧的是,那些进行了实际伤害、强奸和谋杀的特定个人仍逍遥法外。正如一名截肢者在我参加的塞拉利昂的市政厅会议上所说:"砍下我手的人还住在某条街上;如果没有正义,我的孩子可能会寻求复仇。"估计有 35000 名这类肇事者在国内司法系统中不会面临审判。如果被害人询问为何没有起诉凶手,那么特别法庭的外展工作人员会用"指挥责任原则"来解释某个人是否对犯罪负责。尽管塞拉利昂人明白法院的任务是审判"最主要责任人"，但低级别罪犯不会面临任何问责，这仍令人感到沮丧。

其次，对民防领导人和前内政部部长萨姆·辛加·诺曼的审判引发了争议，至少在最初，许多人认为他是一位英雄，他曾保卫塞拉利昂对抗联防阵线，法院的外展工作人员不得不努力解释他因违反国际法的严重罪行而受到审判——即不论其原因如何，对于战争进行的方式有明确限制。外展工作人员还强调，起诉诺曼和另外两名民防被告表明，特别法院不是由政府控制的法院。在审判结束之前，诺曼最终死于自然原因，特别法庭原首席检察官戴维克兰认为，针对诺曼的强有力证据最终表明，塞拉利昂人诺曼是国家的"敌对者"而非维护者。

但诺曼的两名共同被告在 2007 年 10 月的审判中强调了对民防被告人的审判仍旧敏感。民防审判小组的塞拉利昂法官——汤普森，发布了一条令人不安的见解，裁定因"必要性辩护"而赦免民防被告因其捍卫国家而被指控的许多暴行。相比之下，审判小组的大多数成员将多人判定为战争罪被告，其中包括"对手无寸铁的平民的杀戮和其他暴行……这些平民包括为躲避敌方火力而逃生的儿童，以及没有武装、也未参与敌对行动的俘虏或逃犯"。然而，审判小组判决被告分别只获得 6 年和 8 年监禁，认为应当减轻处罚，因为被告的军队"击败和战胜了武革委驱逐合法政府的叛乱，在当时已经处于无政府、无法律的无序状态下为这个国家的法治重建作出了贡献"。检方对此判决提出上诉，二审将 2 名民防被告的判决分别延长至 15 年和 20 年。相反，3 名武革委被告被判处 55 年徒刑。3 名联阵被告分别被判处 25 年、40 年和 52 年。

（3）问题的延伸：问责制和公正司法的示范

在面对已经出现的颇具挑战性的诸多问题时，特别法庭最令人印象深刻的事迹之一是向塞拉利昂公民提供创新和有活力的后续方

188

189　案。一位优秀的塞拉利昂外展人员定期前往全国各地探讨法院的工作，以"加深对特别法庭的理解和对塞拉利昂的人权和法治的尊重"为明确目标。由于有十个区的办事处，这个实质性的外展项目对塞拉利昂人参与法院工作至关重要，与其他冲突后地区缺乏系统性的外展部门形成鲜明对比。

在全国各地的社区会议和专题研讨会上，外展工作人员旨在通过法院的实际诉讼程序来展示和证明"法律能够、也应当做到公平，没有人可以凌驾于法律之上。最终，法治比暴力维持的系统更强大"。例如，法院的外展工作人员努力工作以解释"司法公正"的样态。在一个无偏私的法庭进行起诉和抗辩，是在向对司法系统的公正性持怀疑态度的人群传达一个重要概念——他们过去的痛苦经历让他们倾向于认为工作人员都已"收受贿赂"。外联工作人员还利用特别法庭的具体案件说明法律和司法的核心原则。由塞拉利昂积极的外联工作者牵头这些生机勃勃的探讨往往不那么容易，但他们确实是在全力解决司法公正和问责制的难题。

特别法庭雄心勃勃尝试的外展工作无疑对提高公众对法院工作的认知有所帮助。在难以到达和无法接受媒体访问的偏远地区，外展工作人员与当地人进行了初次接触，探讨了关于司法和问责的重要问题。早期的民意调查显示，绝大多数人都知道特别法庭并对其工作给予了积极评价。随着对联阵、民防部队和武革委领导人的三次联合审判的进行和对查尔斯·泰勒的重要审判的推进，特别法庭的公共事务办公室每周制作音频摘要，重点介绍诉讼中的事态发展并通过塞拉利昂各地的广播播放。

190　然而，也有对外联和公共事务的批评。特别法庭有一些工作人员因为没有更多的机会参与外展活动而遗憾，特别是在检察早期工作完成后（但查尔斯·泰勒的辩护律师在塞拉利昂举行了外展会议）。审判进程的每周广播并不像一些关注者所希望的那么频繁。

尽管法院赞助可以将公民组团送往弗里敦参加审判,但大多数塞拉利昂人前往首都特别法庭的能力仍然有限。此外,一些研究对外展项目提供了更广泛和关键的说明。随着外展工作的持续推进,额外的调查研究有希望能够进一步分析公众对法院及其工作的看法,也需要更多的研究来评估外展计划的长期影响。

2.东帝汶的混合示范效应

与此同时,在东帝汶,针对重罪的混合特别审判组在公正问责上遇到困难,很大程度上是因为东帝汶混合法庭的政治支持(国际或国内)没有像最初希望的那样如期而至。

2002 年 5 月以后,自 20 世纪 70 年代中期以来就一直处于印度尼西亚的占领之下的一个独立国家——东帝汶被激怒了。1999 年,在东帝汶独立历史性公民投票期间,在印度尼西亚军队的援助和支持下运作的民兵对东帝汶独立的支持者实施了严重暴行:谋杀、强奸、抢劫和纵火。在印度尼西亚不情不愿的许可下,联合国授权由澳大利亚领导的国际军事力量帮助东帝汶恢复稳定,其后联合国过渡行政当局,帮助东帝汶做好准备并最终向独立国家过渡。

主要国家和联合国领导人与印度尼西亚进行了微妙的谈判,以确保其同意军事干预。他们选择不设立国际法庭,而是要求印度尼西亚进行国内的审判追责。在东帝汶内部,联合国设立了重罪特别小组——混合特别审判组由帝力地区法院的两名国际法官和一名东帝汶法官组成,对危害人类罪、战争罪和其他暴行的案件进行审理。联合国还设立了严重犯罪组,这是一个由联合国资助的、负责起诉和调查重罪的机构。

191

对混合小组的国际支持始终不足。结果,特别小组从一开始就面临行政、法律和话语支持的长期短缺问题,而对辩护律师的支持尤其有限。随着时间的推移情况有所改进,但资源、支持者和翻译人员的缺乏始终妨碍着法庭工作——其中包括 2005 年进行的最后审判,上诉持续到 2006 年。此外，联合国安理会决定在联合国驻东帝汶的工作结束时关闭该小组，尽管许多嫌疑犯从未受到过调查或审讯。最后，联合国资助的重罪科能够调查的案件"不到 1999 年发生的 1450 起谋杀案的一半"。

事实上，混合法庭在打击有罪不罚和彰显公平正义方面的影响并不深远。法庭按照国际专家委员会总结的国际标准程序，切实调查大量危害人类罪和其他罪行。严重犯罪科还发布了许多起诉书，包括对印度尼西亚高级军事官员的起诉。然而，300 多名被告人中的绝大多数居住在印度尼西亚，没有国际社会施压，他们不太可能被引渡到东帝汶接受审判。尤其是在"9·11"后，国际社会透露出与印度尼西亚进行联合反恐的意向。

最终的结果是，东帝汶的法庭只审判中、低级别的被告人，大多数是破坏公投活动的东帝汶前民兵成员，但没有涉及印度尼西亚的高级别嫌疑人。这向东帝汶公民传递了一个关于问责制的复杂信息：那些处于高层的人永远不会面临审判。

192　　此外，许多在东帝汶犯下的暴行在印度尼西亚没有被追责。相反，2004 年 8 月，印度尼西亚法院推翻了 4 名印尼安全官员在东帝汶暴力事件中犯有危害人类罪的判决。这些无罪宣判的结果意味着印度尼西亚的安全官员不会为公投期间对东帝汶人的暴力行为负责。在印度尼西亚，唯一一个因此类罪行而定罪并服刑的人，是前东帝汶亲印度尼西亚民兵领导人欧里科·古特雷斯，截至被赦免并在印度尼西亚被释放前，他的 10 年刑期实际服刑不到 2 年。

东帝汶特别重罪小组毁誉参半。这反映出联合国官员、主要政府官员以及东帝汶领导人对印度尼西亚的过大施压存在一种矛盾情绪。其他目标——巩固独立，建立政治和经济联系，解决悬而未决的边界问题，反恐合作——一直被优先考量。东帝汶第一任总统和现任总理萨纳纳·古斯芒更加强调富有前瞻性的和解，社会和经济的正义，以及建立与印度尼西亚的牢固关系，而不是追究 1999 年暴行的法律责任。前外交部部长和现任总统何塞·拉莫斯奥尔塔强调，"独立是正义的表现形式之一"。这是一个重要的观点。他与古斯芒等人一起致力于东帝汶长期的、历史性的斗争。东帝汶人民的独立确实为他们的斗争和苦难提供了切实证明。鉴于东帝汶的命运与印度尼西亚的命运紧密相连，也更进一步考虑到国际社会不愿向雅加达施压，东帝汶领导人的选择可以理解。尽管如此，一些受害者和民间社会组织已经对1999年暴行——或者更广义地讲，是印度尼西亚在长期占领期间所犯下的暴行——的有限责任深感失望，而这种失望可能会日渐加深，除非寻找到有效的问责制。

在许多方面，东帝汶的接受、真相与和解委员会（CAVR）可能具有更深远的国内影响，特别是通过其创新的社区和解模式。在这个过程中，级别低的犯罪者可以承认他们的罪行，并公开道歉，在当地社区小组介入前达成社区和解协议。这一设置可能对东帝汶偏远地区的正义推广进程产生更重大的影响，特别是因为重罪特别委员会对居民的外展工作很少（这点与塞拉利昂特别法庭不同）。虽然也存在一些困难，但委员会的和解程序有助于个人融入社区，委员会有意让妇女和年轻人与传统社区领袖一起参与社区小组，帮助培养了一些潜在的新领导人。然而，许多东帝汶受害者支持以社区为基础的和解模式，部分是由于他们期望特别小组能将更严重的罪犯绳之以法。然而，如前所述，许多重罪犯从未接受过调查。

今天，在东帝汶，公众对2006—2007年以及最近发生的对暴力行为的有罪不罚现象的关注可能更为迫切。公众仍然关注着东帝汶国内司法系统有效应对暴力和犯罪的能力。在加强法治的"弱项方面"还有更多工作需要做——即向警察、社区领导和公民进行法律教育，包括72小时拘留法，东帝汶的刑罚刑事程序等等。公众需要了解可以惩治犯罪与暴力的这些实际问题的法律机制。若东帝汶的有罪不罚现象增加，想要更广泛地建立对法治与政府权威的信任，将会面临巨大障碍。

193

3.柬埔寨混合法庭:对司法公正的挑战

致使 170 万柬埔寨人死亡的红色高棉极端主义暴乱发生的 30 年后,柬埔寨法院特别议事厅(ECCC)开始了第一次审判。被称为吐斯廉屠杀(Tuol Sleng)或 S-21 的臭名昭著的红色高棉监狱和酷刑中心的负责人康克由(Kaing Guek Eav,又名"杜赫")是第一位在 ECCC 被起诉的第一被告。这是一个同时拥有柬埔寨和国际法官、检察官、行政人员、辩护律师和其他工作人员的混合法庭。红色高棉领导人波尔·布特很早就去世了。另外 4 名被告在 ECCC 等待审判:前外交部部长昂萨里,曾担任过多个高级职务的努谢,前国家元首乔乔桑,以及前社会事务部部长伊恩·提里斯。这四人都是红色高棉中央委员会的成员。

柬埔寨法庭从未完全战胜过那些无法达成合议的问题。根据柬埔寨与联合国 2003 年框架协议的规定,欧盟委员会花了 10 年的时间进行谈判——柬埔寨方面强调主权问题并寻求柬埔寨最大程度的控制力,联合国力求确保建立一个符合国际司法标准的无偏私的法庭。对谈判构成困扰的这种不信任感反映在法院本身的结构中,法庭本身由两个独立管理和资助单位组成:一个来自国家或柬埔寨方,一个来自国际或联合国方。柬埔寨洪森政府寻求并获得的一种法庭架构是在预审、审判和上诉(或最高法院)庭中,柬埔寨法官占绝大多数。共同检察官(一名柬埔寨人和一名国际人士)必须同时同意一个案件的继续推进。洪森首相已明确表示,他不希望看到被告人数目超过目前的 5 位。国际共同检察官试图进一步起诉另外 6 人,但柬埔寨共同检察官基于类似的政府所指的政治原因而提出异议:额外的起诉可能会产生过高成本,花费过长时间,并违反了"只审判少数"的法庭精神。除了这些分歧和其他紧张局势之外,有一些尚未定论的指控称,柬埔寨方面的一些法庭雇员被迫行贿以获得工作——这遭到柬埔寨方的否认——引起了对该机构独立性的担忧,并导致一些资助者冻结了对法庭的捐款。

　　尽管如此，对杜赫审判的推进引起了柬埔寨公众的巨大兴趣，这为 S-21 中令 15000 名柬埔寨人遇害的惊人罪行的公开提供了重要契机。杜赫被指控并随后被宣判犯有战争罪和危害人类罪，在臭名昭著的监狱中领导、组织的谋杀罪和酷刑罪，前 S-21 囚犯用大量细节证实了他下令并亲自参与的残酷折磨。对许多人而言，对杜赫的审判看上去是一种宣泄，但往往也是一种令人沮丧的经历。例如，虽然杜赫在审判开始时就对他被指控的许多罪行作出道歉并承担了责任，但随着诉讼程序的继续，杜赫的认罪变得"越来越微妙，因为他与最糟糕的政治暴行撇清关系，并将自己置于一个个不服从往往意味着死亡的命令之下"。杜赫的法国共同律师主张法院对他从轻判决。但是，随着辩护的深入，杜赫的柬埔寨辩护律师辩称，他应当被无罪释放，理由是法庭对他没有管辖权，因为他在红色高棉权力结构中的级别相对较低。杜赫本人向 S-21 的多位死者致歉，但却要求法院释放他——这是出人意料的转折，令诉讼中作为民事当事人的受害者尤为震惊和愤慨。2010 年 7 月，ECCC 审判分庭针对杜赫犯下的战争罪和危害人类罪共判处他 35 年有期徒刑，最终服刑时间缩短至 19 年——幸存者批评相对于他所犯下罪行的严重程度而言，这一刑期太短了。虽然杜赫的判决引发了争议和愤怒，但他的判决对于柬埔寨来说是一个重要的里程碑，代表着政府第一次对红色高棉时代的暴行进行了合法审判，这也是政府负有的重要法律义务。

　　ECCC 对杜赫的审判激发了公众对法院的兴趣，他们强烈肯定了法院在将红色高棉领导人绳之以法上的作用。最近的调查结果显示，柬埔寨的绝大多数人表示他们赞成起诉红色高棉领导人，那些生活在那个时期的年龄较大的柬埔寨人比那些从未经历过红色高棉时期严酷的恐怖政策的人更渴望惩罚性司法。然而，大约 1/3 的被调查者对司法独立性表示担忧，这可能是受政治因素和普遍存在的贿赂现象的影响，他们并不信任国内司法系统。一些支持者期待混合法庭能够树立司法独立的榜样，这会对国内司法产生更广泛的影响。事实上，一些专家认为，洪森政府习惯了对法院施加政治影响，这正是值得担忧的问题。

如今，向柬埔寨公众介绍 ECCC 的诉讼情况成为一个复杂的工作，并严重依赖非政府组织。从积极的方面看，一系列当地非政府组织正在开展众多关于法庭以及其他历史、司法和责任制问题的教育活动。例如，有经验的当地非政府组织正在开展诸如"培训师养成计划"，给学生、教师、社区领导、老人和其他人普及关于红色高棉历史以及 ECCC 的管辖权和程序，并支持参与者到柬埔寨的各处村庄游历，与当地村民共同讨论法庭和司法问题。柬埔寨非政府组织还与柬埔寨公民举行公共论坛与磋商对话，这些会议往往包括关于红色高棉时期和 ECCC 的影片，讨论的主题包括法院的目的，受害者的参与和康复。此外，法庭本身也有一个可以与受害者接触的获得特别授权的单位，他们有机会以民事当事人的身份参与法院诉讼。此外，国际非政府组织还帮助募集资金并支持各种活动，例如每周在当地电视台播放法庭诉讼录像等，以及讨论 ECCC 的广播电台呼入计划以及与司法有关的更广泛的法律议题。

197　　　ECCC 自己的外展与公共事务办公室在制定外展战略时没有像在塞拉利昂一样积极，也没有以开展类似塞拉利昂地区外展工作为目的，在全国范围内系统地进行集中讨论。实地观察员也指出，ECCC 的外展办公室需要更加积极地反馈公众和非政府组织对目前办公室发行的出版物和其他外展工作的反响，也需要与参与各种形式外展活动的非政府组织和谐共处。鉴于这些非政府组织正在开展各种各样的活动，严重依赖众多非政府组织作为推广的主要推动者，这或许让人们有些迷惑；然而，鉴于柬埔寨与一开始就作为法庭标志的国际法院方面之间的紧张关系，NGO 难以避免地要扮演重要角色。

然而，尽管 ECCC 与其他部门存在紧张关系，法院的存在仍会催生一系列创新活动，这可能会在柬埔寨社会中产生剧烈的连锁反应。当柬埔寨大部分人口都没有经历过红色高棉统治，审判和相关外展工作会传递有关这一历史时期的宝贵资料。对正义的关注、正当程序的了解，以及法律问责理想的接触可能会促进柬埔寨民众的需求侧能力建设。目前还不清楚的是，对杜赫的审判结果和随后的审判将如何影响公众对司法公正的信心，以及围绕法庭工作的外展活动是否会对公众的期望产生持久影响，并期望柬埔寨自己的法律和政治机构有更好的司法和问责机制，这使我们直接面对能力建设问题。

五、塞拉利昂、东帝汶和柬埔寨的能力建设效应：加强了国内司法？

目前的这些混合法庭的记录是如何表明它们有助于提升国内司法系统的潜力？在能力建设方面，塞拉利昂和东帝汶的混合法庭都作出了一些有益的贡献，尽管两国其实都可以做得更好。另一方面，在柬埔寨，对国内司法系统产生积极外溢影响的前景尚不明朗。

198

显然，塞拉利昂混合法庭为"供应方"能力建设提供了一些真正的机会。曾在特别法庭工作过的塞拉利昂籍检察官、调查员、辩护律师、法官、行政人员、外展工作人员和其他工作人员学到了很多相关国际人道主义法及其基本原则，关于进行公平审判及其特定责任领域的实质性问题。国际和本国工作人员之间的互动是双向学习的宝贵途径——因为与塞拉利昂携手合作的国际调查员是首先接触到的值得学习的人。即便如此，还是又滋生了两个问题。近期的挑战是对人力和资源的竞争。当有才华的当地人员（如法院管理人员）选择在特别法庭工作时，他们无法再在国内系统工作，而后者恰恰被普遍认为需要大量改革和更多资源。而更长期的问题是，在法庭完成工作之后，在特别法庭任职的当地法官、检察官、辩护律师、调查人员和其他法庭工作人员有多少人实际还会留在塞拉利昂——并因此将其宝贵的技能用于国内司法系统。

即使需要面对这些挑战，特别法庭也为塞拉利昂国内司法系统提供了专门技能培训。例如，特别法庭的国际调查人员为证人管理和保护培训了一些塞拉利昂警察——鉴于证人在特别法庭出庭作证时承担的长期危险，这是一个关键问题。一些法院法官和其他法律专业人员曾就当地大学和律师协会的法律改革和相关主题发表演讲。更普遍地说，特别法院与塞拉利昂律师协会以及国内和国际各组织合作，确定并发展旨在"帮助重遭到破坏的司法机构"的项目。通过其遗留工作组，特别法院努力确定并开展若干旨在产生持久效果的项目。

在东帝汶，混合法庭的能力建设影响比它毁誉参半的示范效应更有效果。首先，重罪特别委员会是帝力的国内法院系统的一部分。因此，因为在混合审判和上诉小组中服务的东帝汶法官已经是国内司法系统的一部分，并且（在大多数情况下）会继续担任法官，他们在特别小组中的经验——关于审判程序、意见起草等——直接对国家法院有益。在审判和上诉特别小组有出色表现的几位有良知的东帝汶法官，今天继续作为法官在国家制度中作出重要贡献。此外，东帝汶国内司法系统的副检察长在担任重罪科检察官时获得了宝贵技能。在特别小组担任翻译的几位东帝汶人，也与一个致力于东帝汶法治发展的非政府组织开展了工作。

同时，特别小组本可以做更多的工作，以促进国内、国际法官和在法院工作的检察官、辩护律师之间的相互学习。在起诉方面，鲜有东帝汶人被纳入重罪起诉办公室的高层职位。在辩护方面，能力建设更加有限。国际组织主要在重罪案件中处理辩护事宜，同时为东帝汶公设辩护律师提供一些培训。简言之，虽然这种交叉安排使得一些重点地方能力建设得以实现，但交叉安排所应有的潜力仅体现了一部分。

那么柬埔寨呢？在那里，由于国内法院系统的政治操控和腐败问题，供应方的能力建设面临着尤为严峻的挑战。柬埔寨司法系统面临着政府对法官的影响，资金缺乏、薪酬低、能力有限等问题。公众对司法部门的信任程度极低，柬埔寨报告因涉及相关费用（82％）和需要贿赂法官（82％）或警察（77％）使得公众纠纷并不诉诸法院。一些外部观察者认为，关键问题不是缺少培训或知识，而是政府拒绝让法官独立完成工作。若政治压力和操控继续渗透国内司法体系，那么即使对参与 ECCC 工作的柬埔寨法官、检察官和辩护律师提供宝贵的培训也未必会产生有意义的溢出效应（ECCC，特别是非政府组织，向检察官办公室的成员，在 ECCC 担任辩护律师的柬埔寨律师和法官提供了技能培训）。然而，若 ECCC 可以独立而可靠地发挥作用，它就可能成为司法和问责制公正的一个示例，为国内法学家和公众提供更有前途的替代模式。对法院影响的完整判断仍有待确定。

1. 通过授权民间社会而进行的能力建设

需求侧的能力建设经验——强调公众对司法公正的需求而进行的民间社会授权——在不同的战后社会中差异很大。在东帝汶，重罪特别小组没有向该国民众提供重要的外展方案；相反，接受、真相与和解委员会让全国公民直接参与其中。此外，国际方支持制定了司法系统监测方案，一个非政府组织，负责监测东帝汶混合战争罪审判，以及之前的真相与和解委员会的诉讼程序，至今仍在发挥宝贵作用，即评估国家司法系统，向广大公众提供信息，并对本国法律和政治制度提出改革建议。如前所述，在柬埔寨，非政府组织在需求侧的能力建设方面发挥了最积极的作用。相反，在塞拉利昂，特别法庭制定了自己的广泛和深远的外展方案——主要由自愿捐赠者提供资金，并由有才能的塞拉利昂人宾塔·曼萨雷（Binta Mansaray）及其本地区队伍组成，他们在全国各地穿梭，并参与使用当地方言的热闹的市政厅会议。

除了通过这些努力来提高公众对法院工作的认识外，塞拉利昂问题特别法庭还与对法院工作和问责制感兴趣的非政府组织积极开展伙伴关系对话。为此，法庭设立了特别法庭互动论坛——大约每月一次的民间社会组织和法庭人员之间的对话，他们开会讨论法院的工作，以及如何改进法院的工作，但也会在相关的问责制和人权问题上建立联系。此外，特别法庭的外展办公室帮助建立了全国范围内的"即刻问责俱乐部"，邀请大学年龄段的学生讨论问责制、正义、人权和善政问题，并期望俱乐部成员访问中小学，以解决这些问题并传达问责制的重要性——无论在过去、现在或未来。

特别法庭的能力建设最终是否会产生持久、可持续的影响，将取决于塞拉利昂境内的长期改革。挑战是巨大的而委员会也仍在努力。但是，将问责原则制度化的巨大挑战——包括解决国内司法系统薄弱和资源不足的问题，解决能力和治理薄弱的深层和长期问题——最终将决定这些努力的可持续性。

六、国际刑事法院与当地司法

如果不讨论管辖权在 2002 年 7 月生效的国际刑事法院（ICC），那么国际法庭的国内影响问题就不会周延。国际刑事法院已经在一些国家对"当地司法"产生了重大影响。我们应该如何评估这种影响？

202 国际刑事法院与前述法庭，如前南斯拉夫问题国际法庭和卢旺达问题国际法庭，有许多共同目标：通过按照国际正当程序标准追究国际罪行的主要犯罪人责任而追寻正义；通过排除可能的违规惩罚来遏制暴行；建立真实的犯罪记录等。正如《国际刑事法院罗马规约》序言所述，其雄心勃勃的总体目标是"杜绝有罪不罚现象"。然而，国际刑事法院比早期的特设法庭有许多优势。它的永久性和更广泛的时间和地域管辖权使其随着时间的推移具有更大的威慑力（至少在更多国家成为缔约方时），它应该能够在更长的时间内建立一系列先例，为今后提供明确标准。

国际刑事法院的组织结构也应该能够通过鼓励负责任的国内调查和起诉提升"当地司法"。与前南斯拉夫问题国际法庭和卢旺达问题国际法庭不同，国际刑事法院是特地设计出来作为对国家管辖权的补充，且国家管辖权优先。只有当拥有管辖权的国家"不愿意或不能""真正"调查起诉时，国际刑事法院才有权起诉灭绝种族罪、危害人类罪和战争罪。这种安排——所谓"互补性"——使直接受到暴行影响的国家首先拥有采取行动的机会。与此同时，国际刑事法院管辖权的存在可以作为国内当局采取可信措施调查和起诉国际罪行的激励，如果国内行动不足，国际刑事法院将作为支持。

事实上，如果国际刑事法院可以切实鼓励可靠的国内行动，法院可能会帮助打击有罪不罚现象，即使它本身最终只能审理部分案件。在某些情况下，"有强烈的迹象表明国际刑事法院……正在改变国家层面的激励措施并推动改革"。但是，在艰难的战后环境和过渡中，国际刑事法院作为对国内行动的有效激励，它能够在多大程度上发挥作用日渐成为一个复杂的问题。其影响在很大程度上取决于国际刑事法院及其检察官在实践中如何实际应用互补原则，并且关键取决于具体某些政府（可能在直接国际援助下）公正起诉恶劣国际罪行的意愿和能力。

1. 互补性、示范效应与能力建设

有两个因素对于复杂的"互补性措施"是否最终指向问责程序的问题特别重要，这些问责程序可靠地证明了暴行超出限制，有罪不罚正在被打破，以及司法可以是公正的。首先是政府承诺打击有罪不罚现象的性质。学者贝思·西蒙斯（Beth Simmons）和艾莉森·丹纳（Allison Danner）认为，受到国内司法系统软弱冲突影响的政府已加入国际刑事法院的阵营,表明它们对起诉暴行的承诺(起诉对手、叛乱分子和他们自己的公民)——国际刑事法院的可用性加强了国内机构对该承诺的可信度——是难以有效实施的。汤姆·金斯伯格教授为此提供了一个重要的资料,但是,他指出,政府承诺起诉并不一定意味着它就会起诉。事实上,政府对于自己的官员或高管是否在国际刑事法院最终被制裁有相当大的控制权;政府可以帮助或阻碍国际刑事法院的调查,从而影响在特定冲突环境下国际刑事法院起诉的可能性;政府也可以对自己的司法机构采取国内行动,援引互补原则来避免国际刑事法院对特定案件的起诉。因此,政府可能会鼓励或协助国际刑事法院对其国内敌人进行起诉,同时在某种程度上使其免予起诉。根据特定冲突的事实,这可能会减弱司法公正的信号。

决定互补性动态是否产生可信的"基层正义"的第二个关键因素是国际刑事法院对国内或"自下而上"问责制的反应。例如,如果一个国家真的愿意但不是完全有能力在国内法院公正地以危害人类罪起诉被告,那么国际刑事法院是否应该提供——或鼓励其他人提供——国际支持以强化国内程序?或者,如果一个国家正在制定一个全面的问责程序,强调绝大多数案件中的刑事诉讼和解,国际刑事法院应该在多大程度上推迟那些国内诉讼?虽然国际刑事法院有可能将重点放在主要罪犯身上,把情节较轻的罪犯交由地方司法处置,但面对这种情况的互补性问题引发了国际刑事法院面临的复杂问题,如在乌干达的问题。

特别是,国际刑事法院应如何积极主动地通过协助国内的起诉和审判来促进"当地司法",这已经引发了激烈的争论。学者威廉·伯克(William Burke)提倡采取"主动互补"的政策,即在提供足够的国际帮助之下(包括国际刑事法院本身提供的潜在帮助),且国内政府真正希望、也能够在国内法院审判被告国际罪行,敦促国际刑事法院鼓励——甚至直接协助——公平地进行国内起诉。但是,除了信息共享之外，国际刑事法院首席检察官及其总负责人对积极主动的国际刑事法院协助角色还存有戒备。国际刑事法院检察官办公室已经在国际刑事法院调查和准备起诉案件方面投入了大量资源，因为这些问题很容易造成实践中的紧张局势。

其他学者和实务人员认为，跨国网络更有利于向国内问责程序提供可靠的直接援助。国际律师协会、各种非政府组织和个人专家等组织可以为起诉暴行罪的国内法院提供具体支持。因此，例如在刚果民主共和国（DRC），跨国网络（包括非政府组织、联合国工作人员和当地的外国专家）已经在刚果军事法庭上鼓励和协助战争罪起诉。在这种情况下，国际刑事法院的《罗马规约》已由国内法院直接适用。虽然此类程序只是刚果民主共和国问责制中诸多挑战的一小部分，但国际刑事法院及其章程的存在正激励着跨国网络协助的国内诉讼——这种激动人心的未来也可能会在更多国家出现。

虽然国际刑事法院的调查起诉的前景可以在受冲突影响的社会中产生切实的刺激效果，但实际起诉的影响可能尤其重要，就像在乌干达一样，即使政府本身是首先将情况提交给国际刑事法院的。

205

2.国际刑事法院、乌干达与当地司法

国际刑事法院在实地司法方面的催化作用表现在乌干达——及乌干达和国际刑事法院共同——将臭名昭著的上帝抵抗军（上帝军）领导人绳之以法的事件。20 多年来，上帝军发动了针对乌干达政府的叛乱运动。在约瑟夫·科尼的带领下，上帝军强奸并杀害平民，绑架和奴役儿童，迫使他们担任儿童兵并犯下暴行。这场暴力活动的主要受害者是乌干达北部的阿丘利人，科尼是其中之一。

国际刑事法院又是如何介入其中的？是乌干达总统约韦里·穆塞韦尼请求国际刑事法院的介入。乌干达——国际刑事法院的缔约国——于 2003 年将乌干达北部的情况转由国际法庭负责调查和可能的起诉。2 年后，国际刑事法院以危害人类罪起诉了上帝军首领

科尼以及其他 4 名上帝军领导人。

这些起诉已经产生了一些激发性的国内效应。一方面,他们很可能为科尼决定与乌干达政府进行和平谈判作出了贡献(国际刑事法院起诉开始的 8 个月后,上帝军表示愿意与政府恢复新一轮和平谈判)。这些谈判产生了 2007 年的框架和平协议,随后是 2008 年关于问责制的协议。根据这项问责协议,乌干达政府和上帝军同意在乌干达国内法院对在长期国内冲突中的暴行负有最大责任的上帝军领导人进行起诉,而较低级别的罪犯将在强调道歉、和解和重返社会的传统司法机制下——而非惩罚性司法——追究其责任。但科尼未能出现在和平协议最终签署的苏丹—刚果边界地区。科尼已经表示,在国际刑事法院的起诉撤销之前,他不会投降。反过来,乌干达政府表示,在科尼投降之前,它不会撤回起诉书。

据报道,科尼和上帝军的残余部队在刚果民主共和国偏远角落的灌木地带,继续对当地村民实行恐怖统治。同时,国际刑事法院的起诉对乌干达当地的司法有什么国内影响? 首先,国际刑事法院对上帝军首脑的起诉促成了正在进行,并深入到公众和村级关于司法和问责制的公开辩论。一方面,国际刑事法院的起诉书已经明确指出,上帝军领导层被指控的罪行是受到普遍谴责的,且不接受免罚。另一方面,国际刑事法院——作为被注入复杂国内情况的外部代理人——也引发了强烈的内部反对。对于许多阿乔利领导人和公民来说,国际刑事法院对国际刑事司法的关注与他们对国内问责的强烈偏好背道而驰。许多上帝军的加害者也是受害者——阿乔利儿童被迫执行并犯下恐怖罪行——这一事实使得除了极少数人以外的其他人的审判理念对很多阿乔利人来说都是一个大问题。在绝大多数情况下,传统司法机制具有修复性而非惩罚性的特点可能使它成为首选。

国际刑事法院起诉书的第二个影响是鼓励了改革,令对上帝军

206

领导人的国际罪行进行国内起诉成为国际刑事法院的选择之一。例如，2008 年问责协议规定"应设立乌干达高等法院特别分庭，审判被指控在冲突中犯下严重罪行的人"，重点关注那些"对最严重罪行负有特别责任的个人，尤其是涉及国际罪行的罪行"。此外，2010 年 3 月，乌干达议会通过了一项关于国际罪行责任的国内法。由于采取了这些举措，乌干达可能愿意并有可能在国内起诉一些上帝军首脑，尽管一定程度的国际援助对于向国内和国际受众保证诉讼程序的公正性仍很重要。根据事态的演变，至少国内战争罪行司对一些上帝军领导人的起诉有可能满足国际刑事法院的互补原则。

207

然而，乌干达的传奇最终是否是关于国际和国内进程之间的积极互补关系还有待观察。可以设想一种分工，国际刑事法院起诉少数高级别的上帝军首脑，但协助乌干达对其他国家进行国内起诉，而较低级别的上帝抵抗军成员则选择传统的赔偿司法程序。但是，国际刑事法院愿意协助国内起诉到什么程度尚不明确。此外，无论谁最终起诉上帝军首脑，都需要努力向受到最直接影响的社区证明这一过程的公正性，传达有关诉讼程序的信息，并进行有效的外展以消解他们的忧虑。

目前为止，乌干达的经验表明，虽然国际刑事法院的互补原则在理论上可能很简单，但在实践中会相当复杂。在政府真诚希望进行调查和起诉的情况下更是如此，但为了切实有效地做到这一点，显然需要一些外部援助。虽然互补原则主张在这种情况下为国内起诉提供国际支持；然而，作为一个崭新的法院，国际刑事法院可以通过建立信誉获得收益；一旦调查并起诉嫌疑人，他们可能极不情愿再放弃并移交国内法院起诉，即使他们发自内心地觉得应该这样做，并且能够（在一些国际援助下）做到不偏不倚。最终如何解决这个问题，对国内能力建设有着深远的影响。

展望未来，国际刑事法院准备在多大程度上发挥更积极的作用，为起诉国际罪行的国内诉讼提供——或鼓励其他人提供——国际援助，将是一个关键问题。2010 年 5 月至 6 月，在乌干达卡帕拉举行的国际刑事法院审查会议上，"积极互补"引起热议。未来如何具体解决这个问题，可能会在许多情况下对基层司法产生巨大影响。即使独立于国际刑事法院本身，新的、更灵活、非正式的混合型安排——其中有跨国专家网为国内司法机构起诉暴行罪提供援助——可能在未来变得更加重要。学者们正在就专家网在国际刑法中的作用和影响进行有益的研究——这可能有助于加强国内司法系统的完善。此外，如果国际刑事法院自行审理自然人犯下的暴行罪，可能会带来外展和适度建设国内能力的宝贵机会。

208

七、结　论

这一切告诉我们什么呢？对于受到法院正在审理的犯罪最直接影响的战后国家，国际和混合型刑事法院是否能够为当地司法做出实质性贡献，以及他们将来如何做得更好？我来提出三点作为结论。

首先，以过去 10 年的经验看，截至目前，就其示范效应和能力建设影响而言，国际和混合审判"在当地"的影响迄今为止仍是复杂难言的。此外，国际和混合法庭传递的关于正义的信息总是有争议和不完美的——这一点我们应当以诚实和谦逊的态度予以承认。

即使有雄心勃勃的外展计划，刑事审判充其量只是与暴行对抗的一部分。审判只关注有限数量的罪犯，受影响社会中的不同群体不可避免地会对这一努力的公平性或充分性持有截然不同的看法。此外，其他问责过程——例如真相与和解委员会或努力通过对受害者进行适度赔偿来提供司法救济——可能会更直接地触及当地更多人。包括像在东帝汶一样的真相与和解机制及司法赔偿形式的结合，比单纯的审判更有可能产生有效和影响深远的示范效果和能力建设。

但是，尽管审判和其他方式之间的平衡最终得以建立，但国际或混合审判仍在向外界传达些什么。与法庭相关的人需更加了解他们在当地人对司法公正的看法和信心方面所产生的影响。事实上，如果这些法庭希望以明确的方式表明某些行为（种族灭绝罪、危害人类罪、战争罪）是被绝对禁止的，那么这种罪行的有罪不罚现象就会受到抵制，并且司法可以而且应该是公平的，他们需要更加努力地接触常常根据国内经验而对司法机构持怀疑态度的当地居民。

其次，尽管存在各种困难，但通过更多的愿景、努力、计划和资源，国际和混合法庭可以做到更多，以推进受暴行影响最严重的社会中的基层司法。通过慎重地制定包含若干关键要素的国内影响战略，这些法庭可以更好地建立公众对司法公正的信心，并加强国内社会从暴行中恢复的能力。这些要素包括：

（1）更加深入、充分地了解当地的形势；

（2）系统地思考法庭的示范效应，并对外展活动进行富有创造性的探讨；

（3）积极主动地开展能力建设并寻求协同效应。

深入和充分地了解当地形势对任何推动当地司法的战略都至关重要。每一种冲突中或冲突后的形势所塑造的推进正义的方式都是独特的；没有"一刀切"的方法。各国情况在关键方面差异巨大，包括国内司法制度的状况，公众对战后问责制的态度和期望，不同群体或派系之间的紧张程度，国内领导人对暴行问责制做出的承诺（或缺乏承诺），与真相和解委员会互补的审判的前景、赔偿、纪念，以及具有地方合法性的传统司法体制。无论是否在受影响国家内举行本国暴行审判或国内外暴行审判都是现实的，或者相反，是否只有国外的国际诉讼才能提供公正司法，对于这些想从暴行中恢复过来的国家而言有着显著差异。所有这些情况，特别是国内司法机制是否具有地方合法性（或可以被加强以提高其可信度），对于塑造战后刑事司法的可能性以及对公众的态度和信心的影响，都将具有重大意义。

鉴于这些挑战,国际刑事法院和混合刑事法院应各自配备专职人员,专注了解当地居民的关切问题,并通过宣传和能力建设与国内受众进行接触。这个团队的组成人员应该是多专业的,不仅包括法律专家,还包括国家精英和人类学家,他们可以与当地领袖和民间社会团体合作,了解开展国内外展工作和能力建设的可能性,作为法庭工作的一部分。

可以肯定的是,大多数在国际上或混合法院工作的人员——检察官、法官、辩护律师、行政人员、调查人员等——都应专注于法院在暴行罪审理上,实现司法公正的核心职责。因此,他们可能会认为在受冲突波及的国家,法院工作对国内的影响(就公众对法院工作或国内能力建设的看法而言)不是他们的责任,或者充其量是作为他们已经很艰难的工作的一个延伸。但这正是为什么一定要有专门负责外展和能力建设的专职人员。

此外,外展工作应被明确列入国际法和混合法院的任务范围,外展所需资源——以及有针对性的能力建设——应列入其预算。否则,外展活动只能与自愿的资助(如果有这种资助)勉强拼凑在一起。

开展对当地情况有适当和创造性的回应,并以文化共鸣的方式利用媒体和艺术与当地观众交流适当的外展活动,在未来数十年都应优先考量。因为暴行审判将问责制和司法问题明确地放在国家议程上,并激发公众对这些关键问题的兴趣和讨论;他们可以帮助建造一个空间,让公民理解、参与和交流,以加强公民对政府问责制、透明度和司法正义的关注。这种会激发涟漪效应的潜力应当以谨慎而又有创新性的方式加以培养。

在这样做时,学者和实务家都可以帮助我们更好地理解不同战后问责程序对实践的影响。我们开始看到有益的实证工作,例如东帝汶的对社区和解进程的研究以及对受害者、施害者和其他参与者的观点。针对暴行罪的刑事审判(和其他问责机制)对战后国家对司法的公共理解和置信度的进一步研究,对今后制定更有意义和有效的推广计划非常有益。此外，领导塞拉利昂等创新推广计划的工作者可以为那些在其他环境中开展类似计划的人提供宝贵经验。

对于在当地推进司法工作而言，至关重要的是积极主动地进行能力建设和寻求协同作用——也就是说，国际和混合法院可以在履行推进司法公正职能的同时，为国内法律能力建设做出贡献。鉴于国际和混合法院享有的资源（相对而言），他们可以通过更加努力和系统规划，在受暴行影响的社会中，对国内司法系统——和民间社会——作出更切实、更有意义的贡献。雇用专职工作人员，其全职工作重点是致力于有效的国内能力建设，这将是一个使这些问题可以优先得到解决的可靠途径；参与这项工作的人应该寻求协同作用，这将有助于更持久地加强国内司法能力。

我的最后一点是：我们这些参与国际刑事司法的人，无论是作为学者还是实务者，都须更加保守并更加大胆。对于认为刑事审判能够充分治愈遭受种族灭绝罪、战争罪或危害人类罪者的伤痛，或者可以在暴行之后充分伸张正义，我们需要更保守一些。但同时，对于公正审判的理解，我们需要更大胆一些——在每个案件中做到公正——并通过对当地社区的外展工作以及通过旨在促进国内司法系统和民间社会的能力建设，为冲突后社会的司法工作做出贡献。学者们可以通过对国际和混合法院以及其他问责机制的国内影响进行有价值的实证研究，为当地司法做出贡献。实务人员可以通过更系统和创造性的，对国际和混合法院如何通过公平审判来推进根本目标的思考提供帮助，同时也可为当地的司法工作做出更大的贡献。各国政府和组织可以为外展工作和能力建设提供明确的资金支持，这样资金就不会仅来自简单的拼凑。如果我们都更加关注从暴行中恢复的人民和国家的复杂需求、挣扎和希望，那么在未来充满挑战的岁月中，可以在推动基层司法方面取得真正进展。

212

第十篇 法治与国家建设工程是对帝国主义的捍卫吗？

汤姆·金斯伯格

法治不仅仅是一个哲学家提出的概念，更是一项耗资巨大的工程，是我们这个时代的主旋律。法治的成功，部分出于它作为一个概念的模糊性，可将自由营销者、人权活动家和监管型国家的推动者的共识广纳其中。像乍得和捷克共和国这样的多元化国家都对它这一优点表示了肯定。与此同时，法治理念已经蕴含了西方政策制定者的想象力，同时承担了当代的"教化使命"。

已经有人对与海外法治推行的一系列举措进行过评论，但鲜少系统性的研究。而斯托姆斯等人是一个值得关注的例外，他们对战后的社会、法律与发展所扮演的角色的研究做出了重大贡献，这一点在本文中将会得到进一步阐述。斯托姆斯的独特研究是将基本秩序的重建与严重侵犯人权者的国际刑事司法问题联系起来。

多年来，人们对战后干预、法律发展和国际刑事司法进行了诸多批评。斯托姆斯在处理所有这些问题上都始终保持乐观。她意识到，许多批评她的文章，都充满了关于易设陷阱、紧张关系和权衡取舍的思辨性。尽管存在这些批评，但她坚信，通过投入更多的资源、进行进一步的解读与协调，我们可以在战后干预和机构建设上做得更好。从这个意义上说，她的项目最终属于技术性的。如果我们正确地进行评估、策划、实施和事后评价，我们可以做得更好。

本文作为一篇简短的评论，我想提出一些怀疑。作为一名长期提倡谨慎的乐观主义者，我并不轻言立场。但是，对于当代后期重建的困难，我想说的是，只有以超出政治可接受度之外的力度进行干预，才有可能真正改变社会并实现"法治"。因此，我的标题中提到了帝国主义。基本秩序可能更容易实现，然而讽刺的是，独裁社会比"干预"型社会在政治上更容易成功建立基本秩序。如果没有一种真正大规模的行动，我们在细枝末节上零碎的干预行为，不仅可能无效，而且在某些情况下会适得其反。我们从外部进行社会转型的做法并不是那么"帝国主义"的。并且，我们的干预经常会破坏内部的社会转型。

我首先考虑有关自我执行机制的重要研究，然后考虑引入外部执行者的效果。这种观点认为，外部干预在某些情况下可以挤迫出建立社会秩序的内部措施。然后，我研究了战后成功进行干预的案例，发现它与法治无关。在这一节中，我将简要回顾一下日本现代法律史，指出它在最近的讨论中的误用。在我看来，日本的经验表明，战后干预可以实现法治，但只能从内部完成有效的国家建设。最后一节总结一些关于国际刑事司法的思想。认为干预对正义的实现将提供示范效应的观点有一定道理，但未经实践检验，且受到第一部分提到的急迫问题影响。

我始终认为，我们要从激励入手，需要考虑到激烈的冲突干预政策。技术官僚型政治的一个特点是它否定政治，因此必须克服这种观点才能在法治建设的问题上取得进展。可以肯定的是，在承认政治重要性的前提下讨论问题是很普遍的。然而，通常情况下，实行改革的"政治意愿"收到的只是没有经过认真探讨的口头承诺。政治意愿通常被视为领导者可以自主产生的一个很关键的外生性因素。但是，更深层次的结构性因素可能会限制善意改革的效果。

226

一、民主与法治:外部执法的悖论

民主治理涉及选举代表人民去治理国家的代理人。然而,一旦被选举出来,代理的问题就会显现。我们如何确保政府代理人能够代表他们的委托人,即民众的利益?法治提供了一个明确的解决方案:即确保代理人事先公布规则,遵循适当的程序,并在行事不当时在独立法院接受惩罚。法治有助于最大限度地减少民主治理的代理问题。但这种解决方案是虚幻的,因为它提出了进一步的问题:为什么法院会充当忠实的代理人,以及为什么政府会服从法院。

为了理解民主和法治如何持续发展的问题,政治学家使用了温加斯特(Weingast)阐述民主自治的条件的一个重要模型。自我执行是指在通常情况下,没有宪法或民主秩序的外部保障的理念,只有符合社会所有主要权力持有者的利益,民主和法治才能维持下去。法院可以制裁作为代理人的政府,但只有当代理人想服从时,判决才能得到有效遵守,因为他们预估到了违反规则的成本。在这种观点中,民主和法治代表了一种均衡之下的结果,当委托人(民众)能够可靠地承诺执行规则时,这种结果是有持续性的。但这些理想的情况并不是唯一可以达到均衡的情况。如果社会团体不能调整他们对游戏规则的理解,并努力执行这些规则,那么政府代理人将以牺牲其他人为代价使某些团体获益。因此,温加斯特的模型强调协作与执行是发展民主和法治的关键要素。

该模型带给战后社会很多启示。它帮助我们理解最初引发暴力冲突的分而治之策略:独裁者试图通过封锁消息和向核心集团提供其他可供选择的利益来破坏社会协作。该模型还表明,建立民主和法治的一个关键因素是让民众了解规则,进而才能执行这些规则;在这方面,关于法律和权利的公共信息和教育很重要。独立法庭和其他参与者可以协助监督政府代理人,并且当他们发现有人违反规则时，他们可以提醒民众去配合他们的执法行为。尽管该模型并未对战后过渡期司法进行过多说明，但人们也可将此类工作视为一种执法行为，有助于未来执法活动找到重点。示范效应可以合理地表明未来执法的可行性，从而震慑违反规则的行为。

自我实现是一个有吸引力的理念，符合我们对社会秩序基础的许多直观判断。然而，在现实世界中，民主并不总是能自我实现，而是由国际和外国参与者使其合法化。只有在最富裕的国家，才能说民主稳定性的主要实现机制是依靠自我实现。在大多数社会中，外部参与者确实在某种意义上践行着民主，如通过对政府行为的补充监督，对违反规则的行为的披露，以及对专制统治回归的阻却。例如，在军事政变之后强制切断援助可以打压叛军，因此也可以说这是维系民主的执行机制。更为极端的案例包括破坏对民主的重建或保护，正如国际社会在海地和多米尼加共和国等地所做之事。斯托姆斯关注的一些案例都是关于为重建民主而做出的努力。所有这些都涉及外部执法这一要素。

外部执法的问题在于，在某些情况下，它会"挤迫"当地的执法工作。"挤迫"指的是，在市场环境下，价格会抑制利他行为。例如，给献血者支付报酬可能实际上减少了献血量，因为人们的内在动机减少了。外部执法是整个社会的外在动机，而内部执法则与内在动机大致相似。正如内在动机与外在动机可以相互替代一样，外部执法有时可能也与内部执法相抵触。

另一种观点认为外部执法与本地的工作是互补的。这种观点在规范层面说得通，但并不精准。执法活动具有公共物品的特性——每个人都能在一个受法律约束的国家中获益，即使那些不参与执法的人。此外，执法活动成本高，风险大。正如温加斯特所说，协调执法工作需要相信社会上的其他行为者会投身其中——否则，政府代理人可以使用分治策略。当外部参与者愿意承担这些成本时，本地团体为何还要冒险强制执行民主呢？通常情况下，建立自我实现型

228

民主是困难的；若有可能进行外部执法，就更不会建立。

有人可能会考虑道德风险。知晓外部参与者将监督政府行为，本地参与者会关注得更少。由于违反规则的政府代理人将承担外部成本，因此本地参与者本身不必承担风险。事实上，它可能会刺激本地参与者冲动行事，因为他们知道政府不会冒着国际舆论的风险，对他们施以太严厉的惩罚。事实上，这一切可能会引发那些我们想要禁止的暴力行为。

《权力能创设权利吗？》一书已经对这个问题有所阐述。2006年，东帝汶邀请澳大利亚、马来西亚和新西兰共建和平的故事就是一个例子。另一个例子是关于政治干预对本地磋商的影响。在对波斯尼亚局势的讨论中，对种族分离政策的短期解决方案是通过使用赋予高级专员的所谓的波恩权力来进行斡旋，建立国家共同否决权。这些权力可以说使得下级组织更难达成共识，而事实上，在其内部也存在着紧张关系。为什么波斯尼亚代表要进行艰难磋商？如果由国际组织的高级专员作出最终决定，则无需花费成本。事实上，在此情况下，通过分析一些标志性信息，可以有所斩获。这似乎正是波斯尼亚所面临的情况。

可以肯定的是，外部执法并不总是会挤迫当地执法。许多时候，外部执法可以通过提供相对中立的执法者，补充规则定义中的漏洞，以及帮助本地监督者，来与本地工作形成互补。但是，如果本地机构的潜在成本很高，并且受制于集体行动，那么外部执法者可能会破坏内部执法的激励。

技术专家对这些变数的对策是尝试一些新型的或更深层的干预。1997 年，国际社会加强了波斯尼亚高级专员的权力，打破了短期僵局，但破坏了未来承诺。斯托姆斯及文章的其他合作者指出，"干预者确实曾经愿意承担波斯尼亚重大军事行动的风险，他们本可以坚持从一开始就制定更可行的蓝图"。因此，干预的补救措施是进行更多干预。

示弱会让本地政府上瘾:积贫积弱的本地势力将获得巨大的国际援助。独立自主可能会让国家在某种意义上变得更好,但资金只会转移到状况更糟糕的其他地方,受助国将冒着援助被中断的风险。无论如何,即使有些国家没有援助会过得更好,但执政联盟国肯定不是这个情况。"自立"没有什么政治激励(可以肯定的是,民族主义是一个可以克服这种激励的重要因素,并且在韩国这样的重要案例中已经实现了)。

民主的外部执行可能引发了另一层次的道德风险问题,即潜在的分离主义国家建设者的道德风险。今天,我们所探讨的是创造国家实体的问题。如果没有长期的国际援助,这种国家实体其实是不会存在的。国家建设需要一定的固定成本,如果没有一定的实体规模和行政机构,就无法提供基本的公共产品。可以肯定的是,这些固定成本比以往小,而且更加友善的国际环境导致了小国数量的持续增长。自由贸易意味着使小规模成本降低的某一个国内市场的规模并不是那么重要。此外,第二次世界大战后的安全机制和对领土完整规范的外部执行降低了国防费用。但是,这些并不能证明科索沃是一个可行的主张。

简言之,外部执法可以挤迫本地执法,鼓励创建具有内在依赖性的国家实体。这一分析表明,拥有非预期后果的法律是充满生命力的。这意味着我们应对此有所考量,不是为了进行更深层次的干预,而是为了可以不作为。

在更微观的法律援助层面,有另一个意料之外的后果:干预对当地劳动力市场的影响。当法治建设者出现时,他们需要熟悉英语的当地工作人员在当地法律体系中进行操作。这些人往往是当地最有才华的人,而且这些人显然会比战前遗留在司法机构中的人员更熟悉国际规范。干预者以显著的溢价工资雇佣当地人才,并告诉他们,当地法律体系在干预下将变得更好。但是,这样做的必然结果是所有的人力资本都投入在干预上,无人留在本地司法系统中。难怪当地的法律系统总是看起来如此羸弱。可怜这种国家的首席大法官或司法部部长，他的日常就是一系列与捐助者和外交官的会面，急迫地想要收集信息并商谈合作。与干预者一起度过的每一分钟都不是在判决案件或管理法院。

231　　　因此，我在想，是否应当投入更多资源以发展法治。目前尚不清楚法治工作是否"资源不足"。如果没有证据表明资金可以被有效使用，我们为什么要投入更多资金呢？

二、从零开始的民主？ 日本的误用

有一个问题：在最近战后干预的案例中，我们没有任何已经达成法治的实例。从头开始借助外部力量建立民主不仅仅是一项艰巨的挑战：事实上，它也从未实现过，从未。我们常常引用的第二次世界大战后，德国和日本被占领的案例——有时被小布什政府称为伊拉克和阿富汗干预的范例——被广泛误解了（这不是由斯托姆斯等人提出的）。这些是专制合法性的实例，即在引入法治和民主之前就制定了先进的国家结构。我们将在本节中简要讨论日本案例。

正如斯托姆斯等人所说，战后的德国和日本在重建之前已经实现了工业化，并且他们都拥有大量的战前民主治理经验。也许，对我们的讨论更重要的是，每个国家都有专制合法性文化的经验：19世纪的普鲁士和明治时期的日本确实都实现了某种"法治"，这种合法性组成、并限制了大多数国家代理人的行为，虽然它不限制那些处于系统核心的国家代理人。正是这种经验，而不是战后的占领，与当代实践关系最为密切。

我使用的是"法治"一词，但更确切地说，这两个国家涉及的都是"法治国（rechtstaat）"的概念，这对当今世界而言，比戴西的法治概念更为贴切。正如在当代实践中所见，法治实际上是律师规则的简写，当然这两个术语可以互相替代使用。然而，"法治国"理念更少关注技术层面的律师和法院，更多关注可预测、有组织、按照国家规则运行的官僚合法性。

日本和普鲁士采纳了"法治国"理念，这不是外部援助的结果，而是对外部压力的反应。普鲁士感到其疆域有限，受制于俄罗斯、英国和法国这些强大国家；日本也受到西方殖民主义的直接威胁。为了应对这些安全威胁，19 世纪的日本和德国为保独立自主而建立了发展现代化的民族主义项目。两国的国家建设都是在外部约束下进行内部指导。相比之下，今天的战后干预可能被视为内部约束下的外部建设——当地环境被视为建立法治的主要限制。

让我们集中讨论一下日本的情况，特别是在专制的明治时期，日本建立法治的一些独特变数。19 世纪中期，抵达东亚的西方国家借用了一些策略，对东亚君主制国家实行"不平等条约"。这些条约涉及了被当地刑事司法认为是十分荒蛮的，对外国人在东亚土地上活动的排他性域外管辖权。这些条约严重侮辱了这些古老国度的主权骄傲。

在日本采取的措施是从零开始建立法律体系。它是在一次内部革命——明治维新之后进行的，其中原始极权主义的德川幕府被帝国统治所取代。明治领导人聘请法国和德国的外国顾问，着手建立法律体系，以削弱法律野蛮主义。他们的核心目标是修订不平等条约。并且，在 30 年的时间里，新成立的法律机构完全自治，这可以说是另一个版本的"法治国"。

这种思路十分关键，并且对当代法治建设有一定启迪。在 1868 年颁布的《宪章宣誓》中，我们以准宪法的形式对这一时期的目标和概念作了很好的总述：它承诺制定舆论政策，扩大行政管理范围（特别是与国际相关的部分），"废除不文明的古代习俗，按照普遍公认的原则实现正义和公正"。1868 年明治维新之后，国家需要一些法律，但德川法又被认为是不合法的。在专制统治被取代的情况下，地方习惯起到了填补空白的作用。他们短暂借鉴了其他国家的模式，此

232

233

后的所有素材都来自法国、德国和其他西方国家。

早期，公共秩序受到了威胁。新领导人苦于应付撤销武士特权而带来的混乱——武士，正是一群全副武装的"破坏者"。两次叛乱都被有效镇压了（其中包括一次由重要的法律改革者——江藤新平所领导的叛乱）。在过渡时期的司法方面，最后一位幕府将军也被剥夺了头衔和领地。但在剩余的几十年里，他们可以安度退休生活。

建立法律体系时，日本人先关注制度，后关注规则。在复辟后的第一个十年，法院最初设立于司法部之下。然而不久，它们分离成为独立的法院结构，而后成为西方模式的核心要素之一。检察官也被设置为一个独特的职业。律师紧随其后（但不那么强调其属性）。司法部在东京帝国大学的前身开展了法律培训。

在改革的第二个十年日本才制定了《宪法》，作为自由主义者对民主的要求不断上升时的最后一道防线。宪法不是民主——它恰恰是天皇给人民的礼物，由一个小团体围绕天皇的寡头顾问起草。有趣的是，宪法制定晚于机构改革。在现代干预工作中，我们经常以隐含的凯尔森序列推进。因为宪法在法律体系中位阶最高，所以它必须——作为法律的逻辑——被摆在第一位。但是，一个社会问题如果不是法律现实的问题，这似乎就是倒退。宪法可以创建制度，但只有在这些制度的基础已经打好的情况下才能有效。

宪法先于法律法规。现在的法律和程序规则在宪法之前起草，但是在对所谓的英国派和法国派进行激烈的内部辩论之前，没有被采纳。日本选择《德国民法典》作为模型——在它在德国生效之前的4年——反映出德国法律是最现代的法律，在体制上与日本最相似。至关重要的是，所有这些都是内部选择，其中外国模式是被选中而非强加，这无疑对为何它会成功提供了一部分解释。

到 19 世纪 90 年代，日本的法律机构已完全独立，法院可以在高度专业的案件中做出与行政机构立场相悖的裁决。法学院已经全面运作，包括重要的私立大学。这个国家成为一个工业和军事强国，并从那时起开始了自己的殖民冒险。

这种 19 世纪从零开始建立法律体系的实践，发生在一个民主被置于次要位置的发展主义的专制领导下。这个案例的关键在于，包括法律现代化在内的国家建设具有防御性。它最先要受到安全需要的驱使：没有外部执法，只有外部威胁。这不仅提供了与当代阿富汗截然不同的背景，还在某种意义上提供了一个反例。只有出于对被殖民化的恐惧，日本才会改变。如果外国人直接在日本执法，那么当地的机构根本就不会像这样发展。它们可能会受到挤迫。

战前的历史很重要，因为这意味着战后的占领不是空穴来风。1946 年的宪法事件是一个引人入胜的故事，它涉及了与日本参与者谈判和共谋的重要因素。使日本战后如此高效运转的制度结构正是来自对战前版本的继承。与专制合法性相关的法治原始版本已经在运行了。同盟国一方并不是没有建立法治；相反，他们之所以成功，是因为法治已然存在。

至少，经历了如此戏剧性的转变，专制合法性可能是对社会有益的尝试。这当然不能囊括所有情况。但一些选择发展专制主义的国家的经验表明，在某些情况下，这可能是一条可行的法治途径。当然，并不是说专制主义本身是一个理想的目标。但是，正如穆勒在《代议制政府的考虑》中提醒我们的那样，长期的自治能力有时可能通过非民主手段推进。始于重大冲突局势下的社会能否在合理的历史时期内达到理想的法治终点，以及最快和最好的道路是什么，这无疑是一个实证问题。在很多时候，某个专制的国家建设阶段可能有助于实现民主和法治。事实上，对经济合作与发展组织成员进行调查是民主和法治最成功的典范。人们只看到了少数几个（瑞士、美国、澳大利亚和以色列等定居者社会）没有在发展法治之前经历漫长的专制主义的国家。跳过这样的阶段是可能的，但我们至少应该知道这段历史。

235

三、干预者的动机

正如本文第一节所述,秩序是一种供应成本很高的公共产品。在没有可以主宰世界的超级大国的情况下,不会有全球范围的秩序。在没有有效的政府激励措施的情况下,不会有以国家为边界的国内秩序。而民族主义似乎对国家地方执法的激励上有所帮助。

那么,我们应该考虑干预者施行法治的动机。干预者意欲何为?答案就像干预产生的条件一样,有诸多情况。有时,如同在阿富汗一样,干预旨在颠覆敌对政权;其他时候,如在海地,它是为了防止难民危机;在极少数情况下,它甚至可能旨在防止人道主义灾难。对于所有这些结果,干预国家不需要建立一个完全法治化的全面民主。它只需要一个能够维持基本秩序的本地参与者。

为了在发展中国家从外部建立类似法治的秩序,我们需要更多地激励干预。在某些情况下,殖民主义的外部行为者掌控社会以攫取财富,也可能会遗留下对法治有所裨益的制度性遗产。当然了,情况并非总是如此。但是,许多社会确实将这一宝贵遗产归功于殖民地的法律结构,例如,像新加坡或马来西亚等一些前英国殖民地。幸运的是,我们生活在一个认为殖民主义违反国际法的时代。从"干涉主义"国家人口的角度来看,殖民主义也同样不可取。谁想为像科索沃这样的失败行动承担责任?

若不采取有力的干预措施,结果可能会更糟,并且我们必须对野蛮势力做出妥协。斯托姆斯等人讲的塞拉利昂的故事就是一个例子。1999年,革命联合阵线对塞拉利昂的占领"刺激了国际社会",但没有激励它为当地做些什么。已经有所行动的尼日利亚也没有动力继续持续下去。在没有外部执法的情况下,剩下的就是塞拉利昂刚上任的领导层对福迪·桑科做出妥协,延长了——甚至某种程度上是一种奖励——他的恐怖行为,直到英国出面进行对公众有益的干预。

关于日本经验的最后一点说明与斯托姆斯在本节中提出的论点有关。与战后德国一样,同盟国当局试图在各种国际罪行的审判上拥有军事领导权。虽然证据标准明显降低,但他们仍旧借鉴了《纽伦堡宪章》。与德国人不同的是,日本人对战时虐待的记录不那么细致,许多记录都被摧毁了。很多日本的战争罪行都是在混乱中犯下的,而不是作为特定的灭绝主义计划的一部分。从这个意义上来说,与那些有据可查的纳粹政权的情况相比,它与当代的许多情况更为接近。正如印度法官拉达宾诺德·巴尔(Radhabinod Pal)发表的著名反对意见所说,审判未能达到基本的合法性标准。虽然这只是推测性的,但我敢说,东京战争罪行的审判几乎没有任何示范效果。日本人已经意识到什么是审判。但当时,战争罪审判被认为纯粹是胜利者的正义。在某种程度上,这种观点至今仍然存在。

在我看来,东京战争罪审判臭名昭著的问题比我们设想得更具有持续性。当然,以任何客观的法治标准来衡量,我们现在的工作效果都要好得多。在当代的战后司法中,有时会过度追求程序正义(见米洛舍维奇的文章)。他认为外部刑事执法是通过示范效应与当地刑事执法共同起作用的。但我们几乎没有任何证据表明示范效应是实际存在的。我们必须通过反例来证明。我们不得不问,如果尼古拉·齐奥塞斯库(Nicolau Ceasescu)被审判而不是被枪毙,罗马尼亚是否会更好;在 20 世纪 80 年代初,红色高棉的初步审判遵循的是西方司法标准而不是越南标准,或者如果现有的混合法院早在 10 年或20 年前成立,那么柬埔寨人是否会对法律有更深的信任。这些议题可以进一步讨论,但每个问题的答案显然都不是显而易见的。

四、结　论

这些问题都是技术层面和经验层面的。我希望以另一种视角的观点收尾。我认为,国际刑法不是(至少不仅仅是)关于惩罚与和解,施害者与受害者。国际刑法项目从一开始就同时关注着干预者与目标社会。纽伦堡和东京都在试图证明,同盟军选择的司法优于轴心国选择的权力。这次尝试既适用于家庭,也适用于目标社会。我们与他们不同;我们遵循程序,而他们追求简易审判。

同样,人们对法治的热情更多的是关于自己而非别人。然而,如果干预也是为了我们自己的利益,那么我们应该考虑目标人群的潜在外部性。如果我们的执法挤迫了当地执法,那么他们实际上可能会对那些我们想要追求的价值造成反作用。

238　　这篇杞人忧天的小短文想表达的是,我们需要了解战后干预的政策。我们不应假设一个受原始政策支配的目标人群和一套由法律指导的中立干预者。干预者一定要有干预的动机。不然呢? 区分处于文明之中的我们与灭绝人性的其他人就是这个动机。但我们至少应当认识到,我们也有一部分原因是为了自己而进行干预。

以法治和民主的名义进行的外部干预已经得到了很好的反馈。它成本很小。可以肯定的是,上述案例中的每个国家都恢复了基本秩序。但基本秩序与发展的专制主义的模式可以兼容,其中后者与我们所说的国际模式截然不同。民主干预者所寻求的许多共同目标——基本秩序,对国家代理人的有效限制,以及法律制度的某些作用——可以在一种被称为法治的合法权威之下,得到同样的,或更好的实现。对于东帝汶或科索沃而言,新加坡的制度比美国的更好——而且更容易构建。

专制合法性的可能性暴露了民主、秩序和独立之间固有的紧张关系。也许战后社会只能拥有三种价值中的两种:它们可以是民主的,不受外国力量支配,但可能会被冲突所摧毁;他们可以是民主的,并且秩序可以得到外部保护,或者他们可以拥有独立和独裁的秩序。然而,我们尚未找到一种纯技术性的方法来建设独立的、具有高度公共秩序的民主国家。

第十一篇　旁观者、法治与刑事审判

拉里·梅

在对转型时期法治的讨论中，无论在国内还是国际背景下，重点
通常都放在加害者身上。问题的难点在于如何让那些犯罪者或那些
可能成为犯罪者的人遵守法治，以维持长久的和平。然而，也应把重
点放在那些曾经的暴行旁观者，或可能成为暴行旁观者的人身上。
在建立或重建法治时，旁观者常常被忽略，但事实上他们在法治中扮
演着重要角色。最关键的是，旁观者构成了社会的主体，法治只有在
大多数人尊重法律，对暴力不持默许态度的情况下才能存在。因为，
法治是关于社会主流人群，而非少数加害者或潜在加害者。他们所
遵守的，是将和平社会凝聚在一起的法律。

在本文中，我将分析社会（尤其是社会中的那些暴行旁观者和潜
在的暴行旁观者）对程序的尊重，对程序公正性的承认，这是重建法
治的关键。我将借鉴正义战争的传统，以及斯托姆斯最近对转型社
会中的法治的研究；我还将讨论卢旺达转型期的司法程序，即加卡卡
法院。无论法治是否受到诸如种族灭绝或侵略等大规模暴行的破
坏，类似的规范性问题都会出现，即如何更好地重建对法律的尊重并
终结暴力。

一、简·斯托姆斯对法治的重建

对于"问责程序"对"国内法治"只有积极影响这一观点,简·斯托姆斯提出了一系列问题和质疑。我将在本节概括出她的一些观点,并立足于与她相同的立场,做出一些回应。在后面的部分,我将对一个非常重要的问题进行更详细的讨论,即这种"问责程序"如何适用于大规模暴行的旁观者问题。正如我所说,斯托姆斯所提出的问题对于理解"实践中的"法治具有十分重要的意义。

斯托姆斯担忧的事情之一就是"示范效应"。她从宏观上的积极影响开始讨论:

> 问责程序有助于通过示范效应加强战后社会的法治。通过最明确和直接的方法,即消灭那些可以控制和虐待他人的暴行施加者,刑事审判(以及严格审查等程序)有一种疏导作用。它们向民众保证,旧有的有罪不罚和剥削压迫不会再被姑息……它们旨在切实地落实一种问责规则。

她认为,"公平可信的问责制可以在战后社会中激起涟漪效应"。

我同意斯托姆斯的观点,并会在后面的章节中补充说明在暴行旁观者身上的这种涟漪效应的重要性。我所关注的涟漪效应会对旁观者产生直接作用。我特别感兴趣的是如何建立或重建一个公平可靠的程序上的问责制度,即在法律面前所有社会成员人人平等的制度,令它产生影响深远的关于平等观念的涟漪效应。不能仅仅通过建立问责制来重建法治。而是要让一些特定群体在某种意义上看到问责制而尊重他们的同胞,或达成一些其他的规范性目标,这些目标会让他们比以前更容易达成和解。

斯托姆斯发现,在某些情况下,审判实际上加剧了社会局势的紧张。

除少数例外，一种令人不安的模式出现了。在波斯尼亚，三个民族的成员因敌对民族成员犯下的战争罪而试图逮捕、起诉和惩罚他们，然而加害者本身却被视为本民族的英雄……审判往往最终加剧了分歧和相互之间的猜疑，而没有促进各方之间的和解或建立信任。

此外，她认为像在卢旺达这样的地方，阿鲁沙的知名审判并未产生长期的积极影响。"对于许多卢旺达人而言，就在自己眼前实施暴行的人与遥远的进行种族灭绝的策划者同样可憎。"只有卢旺达问题国际刑事法庭在阿鲁沙起诉犯罪首脑时，"示范效应"才会减弱。因此，卢旺达人通常对卢旺达问题国际法庭在阿鲁沙的刑事审判并不满意。

斯托姆斯已经开始关注让刑事审判成为公共问责工具的几点担忧。但除此之外，我们需要分析这种挫败如何使法治的重建变得更加困难。我感兴趣的不仅仅是我们在各种国际审判中看到的权力滥用，还有理想的审判应当是什么样子的。令人好奇的是，斯托姆斯一方面关注阿鲁沙和海牙备受瞩目的审判；另一方面关注真相与和解进程，但并未花费太多时间在卢旺达加卡卡等本地化审判的混合模型上。那么，让我把时间花在这件事上吧，我感兴趣的是这些法院的实际操作和权力滥用。

根据斯托姆斯的说法，审判产生积极影响的另一种方式是源于他们的"能力建设效应"。

"问责程序不能只是简单地'摆在那里'，完全脱离正在进行的正常改革进程。相反，随着时间的推移，问责规范——出于对残酷暴行的谴责，公平归责程序的重要性，以及为解决未来争端而存在的有效、公正的程序的需求——必须纳入国内实践。"

在当地植入问责程序的想法对法治确实至关重要，但我们需要一个整体框架，让我们看看这些理念的联系是什么。

244

斯托姆斯谈到了外展计划和其他工作,以便将这些知名审判的结果告知远离海牙审判地的人们。有时,知名的国际刑事审判可以对遭战争和暴行破坏的国内刑事司法的重建产生积极影响,特别是当地方司法机构已经被满心破坏欲的入侵军队和叛乱瞄准或拆除时。但是,她所描述的这种失败很难评估,因为我们缺乏对法治及法治与当地失败的关联的框架性认识。

斯托姆斯认为,国际刑事诉讼的成本有时是如此高昂,以至于人们要消耗国内司法制度的资源来阻却"能力建设效应"的发生。地方和混合诉讼程序更有可能推进能力建设,但国际法庭往往远离暴行发生地,且诉讼程序的执行亦是如此,它们没有植根于当地,甚至没有用当地居民的语言与他们交流。在这方面,我与斯托姆斯看法相同,虽然她关注的几乎都是那些正在进行高调审判的外展宣传活动。但依我之见,这首先是本地的审判,而不仅仅是促进当地能力建设的知名审判的公共活动。

斯托姆斯曾说,"刑事审判本身,甚至加上雄心勃勃的外展计划,充其量只是处理曾经的暴行或培育当地司法能力的一部分"。实际上,正如我们将在下一部分中进行探讨的,正义战争传统中的几个要素已经融汇了这一点。斯托姆斯需要的是一个规范性框架,使我们能够确定还需要做什么。下文中,我将以她的分析和关注点为基础,回到理论层面来阐释如何改变审判方式,这样就可以对未来暴行可能性的减少产生影响,并有助于社会的重建,特别是对法治的尊重的重建。

二、正当程序概念的历史源流

《自由大宪章》是一份有趣的史料,是大封建贵族胁迫英格兰国王约翰签署的协议。在 1215 年的英格兰,法治陷入混乱。《大宪章》是经过谈判而建立的法治,这种法治是由封建规则和国王治安官的权力滥用拼凑而成的。在我的其他文章中，我曾提出，《大宪章》可以视为在国际层面发展程序正义的一个非常有趣的典型。在这里，我将重点介绍大宪章几个与法治的重建相关的部分。

《大宪章》第 39 章（在 1225 年国王亨利三世的修订版中通常为第 29 章）中说：

> 任何自由人，如未经其同级贵族之依法裁判，或经国法判决，皆不得被逮捕、监禁、没收财产、剥夺法律保护权、流放，或加以任何其他迫害。

正当法律程序通常与人身保护令和其他程序性权利相关。"正当程序"一词被认为在《大宪章》早期对权利的法律表述中使用过。事实上，早在 14 世纪，"by the law of the land"这一短语就被理解为"正当法律程序"。因此，在很早的时候，《大宪章》的条款，特别是对不任意监禁的保证，与不遵循"当地法律"程序就被认为是与任意裁量有关了。并且，随着社会的发展，《大宪章》实际上已经改用"以适当的方式，或通过程序"这样的措辞。

在 13 世纪的英格兰法治发展中，程序性权利的重要性不言而喻，尤其是法律面前的平等待遇。威廉·布莱克斯通认为，《大宪章》权利是英格兰基本法的基础。我认为，这些程序性权利对于建立对国家法律的长期尊重至关重要。下文我会进一步阐述这一点，这会帮助我们理解斯托姆斯所描述的，如今塞拉利昂和柬埔寨等地对法治的重建。

在《大宪章》之后的几个世纪，雨果·格劳秀斯认为我们应该将法律理解为"以权利为主体"。对法律至关重要的权利之一是"自己的权利"，尤其是"独立自主"的权利。格劳秀斯和许多他的追随者都将这些权利称为自由的实体性权利。想让一个社会由非法治社会变成法治社会，自由或自由权利非常重要。想构建拥有道德内核的法律——即基于自然或人权的法律——尊重主体权利非常重要。雨

246

果·格劳秀斯因为支持自然法理论的世俗版本而闻名于世。

在1625年的著作中,格劳秀斯提出有一种"将人类联系在一起,或将许多国家联系在一起"的联合体,而这种联合体"需要法律"。格劳秀斯进而为以下理念进行了辩护:"国家之间存在冲突或战争期间都有效的普通法。"格劳秀斯明确地谈到了这样一个"善意"和"人性化"的社会。格劳秀斯认识到"除非法律背后有制裁,否则法律就会失效"。即使没有制裁,只要"正义得到认可,并通过善良人的共同协议来谴责不公正",法律也"并非完全无效"。即使没有制裁,人类的良知也会受到影响。但如果对不公正司法的谴责会伴随着制裁,以对抗那些不公正行事的国家和个人,那么国际社会会更好地运作。无论是法律制裁,甚至是战争制裁,都应以"权利的落实"为唯一目标。

247

自然法传统中还有一部分是以与其他人相同的方式在法律面前受到处理的程序权利,以及个人在法律面前不受不当限制的权利。威廉·布莱克斯通在1765年的一篇文章中写道,如果没有他所说的"个体辅助性权利,主要是为保护和维持其不受其他的优先性权利的阻却","个人安全、个人自由和私有财产"的权利就无法得到保障。其中一个最重要的权利是每个公民都有权"向法院申请损害赔偿"。根据布莱克斯通的说法,"司法法院在任何时候都必须受理这种申请,法律必须在其中起到应有的作用"。这是法律的正当程序理念背后规范性含义。

正如该术语的含义,"正当法律程序"要求法律必须遵照某种流程,并且该流程必须是正当的。这里涉及两个要素:有一个决定法律如何运作的流程;并且,这个流程在某种意义上对于受法律约束的人而言,必须具有正当性。困难的是如何知晓什么样的过程对于特定国家的主体或公民是正当的。或许最简单的理念就是所有主体或公民在法律面前都是平等的,由此产生的程序就是在法律面前平等对待他们的程序,也许能够保障他们在法律面前的平等地位。社会不应当划分出次等公民。最初的正当性就是人们不会因法律程序的设定方式而被降级为次等公民。

正当性还包括这个流程至少要涉及执法官员的公平性和责任心。这是公平问题，不同于法律面前人人平等。问责制的主要目的之一是减少或阻止这些官员的滥用行为。宣传的效用不可小觑，但有时也需要制定程序，让官方以更正式的方式进行说明，如通过举行听证会，让个人有权提出申诉，由有关人员给出答案，也让官员的严重不当行为因为申诉而受到处罚。

248

三、程序正义与法治

纵观英国法律的发展，从《大宪章》到格劳秀斯的著作，我将把重点放在程序正义上，为最终建立健全的国际法治体系填补系统漏洞并加强规范基础。仅靠编纂一套实质法律规则或原则性规定，想要创建一个法律体系是非常困难的，而这又似乎恰恰是国际法目前正在做的。这样一套规范在效力范围以及保护措施上都将存在漏洞。在饱受战争蹂躏的社会中，仅靠进行高调审判，就想恢复对法治的尊重也是很困难的。正如斯托姆斯提醒我们的，人们往往更关心那些加害者或旁观者的下场，而不是那些策划暴行的政治或军事领导人。

罗尔斯所理解的程序正义是隐藏在众所周知的无知面纱之后的公平程序。社会秩序的基本结构首先是要理解，如果人们不了解自己在社会中的地位又必须为该社会设计规则，那么什么是大众可以接受的？我发现，罗尔斯的方法在理论层面是一次有益尝试，对理解任何法律体系必须追求的公平观念而言。罗尔斯的概念非常强大，但很难看出加害者、受害者和旁观者是否能够同意除普遍原则理论之外的其他理论。

在我看来，非理想的程序正义更好地体现在这样一种观念上，即所有人都受到同样规则的约束,而这些规则的作用是为在保护人权方面尊重所有人并提供最低限度的公平。罗尔斯及一些他的追随者,将国际司法视为有关人民或国家关系的问题。其他人,包括一些罗尔斯的追随者,已经将国际司法看作是自然人间的问题,因此他们称自己为世界主义者。我自己的立场介于以国家为中心和完全以人为中心的普遍国际司法概念与特殊的国际程序司法概念之间。正如西蒙·凯尼所说,我们可以把这个立场想象成一个由国家组成的社会,就像格劳秀斯一样,但其目的在于最终为所有个人提供一个大致上的平等,无论他们身处何地。尽管如此,我仍不支持彻底消除国家界限或当下的强势国家中心主义。

格劳秀斯的国家社会理论认为国家具有工具价值,为公民和其他主体的权利提供保护,且不会破坏非公民的权利。我赞成他的理论,现存的国家往往有助于对基本人权进行充分保护。但是,与此同时,当一个国家不再提供这种保护或主动破坏人权时,国家就不能够再主张自己有这种优点。关于国际司法,我也提出过类似的观点。在暴行发生之后,最重要的是,国家的重建应使其成员的人权有保障。

程序正义首先是关于法律的平等保护,这一理念有两个重要组成部分。首先,也是最重要的,程序正义为人们提供了对权利的保护。在国际舞台上,这意味着程序正义必须为保护人权,特别是保护基本人权提供一个大概的思路。其次,同样重要的是,程序正义传达了一个观念,即每个人都将受到规则的同等约束和保护。法律面前人人平等,在国际法中,这意味着必须为每个公民的基本人权提供同等保护,无论该人居住在世界的哪个地方。这是让程序正义成为国际法治重要组成的第二个条件,但其实如果有大国不想服从这一点,也很难作为实例加以证明。

因此,全球程序正义这一概念的实体性内容很少,即每个人只享有对基本人权的最低限度保护。但其中的实体性法律规则又非常薄弱。落脚点是权利保护的框架，特别是通过法律面前人人平等的概念保护人的尊严。在法律面前，人们必须拥有一些普遍适用于平等观念的权利。只要维持最低限度的人格尊严，这种平等的实体性内容就不需要很广泛。还有，当对人类尊严提供了这种最低限度的保护时，人们会更倾向于支持国内法治和国际法治。

在这里，我承袭哈特和富勒关于程序自然法的某些特征的描述，认为任何法律制度都必须要留存和提升"最小限度的自然法"。这一观点虽然仍存在争议，但也获得了各个不同思想流派的支持。然而，哈特也承认，在这样一个法律体系中仍然存在着巨大的恶，但也许不至于到哈特认为的那个程度。从这个意义上讲，我更赞同富勒，认为程序正义和法治将至少会提供最低限度的尊重，并规避那些最严重的对法律的滥用。

四、旁观者与共同责任

在种族灭绝等暴行的刑事审判中经常面临的一个关键问题是，审判似乎无法涉及在这些暴行中发挥致命作用的旁观者。因此，这些审判并不会让形势趋于缓和。刑事审判是多视角的，其中很重要的一点是关心整体形势，而不仅仅是被告所造成的影响。如果可以通过这种不会让被告显失权利的方式设立审判，可以讨论一下旁观者扮演的角色。旁观者可能在道德上是有错的，但很难证明他们在法律上有罪。所以，在大规模暴行案件中很少有旁观者遭到起诉。刑事审判似乎不是解决旁观者问题的良好工具，理想的情况是经历暴行的社会成员产生自我认知，从而减少暴行的发生率。

"旁观者"一词至少包含了以下三重含义：旁观者是指没有直接造成伤害的人，但他们可能通过促成暴行而间接造成伤害。或者他们可能是没有出手阻止伤害的发生。旁观者也可能不是那些没有间接造成伤害的人或本来可以阻止伤害的人,而只是那些在危害发生现场的人。检察官在国际刑事审判中很少提及旁观者。即使那些直接参与共谋,为罪行提供便利的旁观者,除非他们是武装部门的高级成员或社会的高级成员,否则通常也不会受到指控。那些扮演不太重要的角色但对犯罪行为至关重要的人被认为不应受到起诉。

劳蕾尔·弗莱彻最近撰写了一篇关于旁观者责任的文章。她已经指出了几个需要解决的问题,其中最重要的是:

> 国际刑事定罪使被告人受到侮辱、名誉受损,却使旁观者的行为看似正常,这可能造成未被指控的旁观者及其支持者道德无罪的假象……国际刑法限制了国际司法机制的教化能力,无法更直接地定位旁观者在暴行中的作用。

弗莱彻认为法院不能很好地"定义(被告人)对非被告人的行为——无论是旁观者还是其他加害者"。但除法官和检察官外,还有其他审判参与者。

虽然检察官也常常只将注意力集中在加害者身上,但分散注意力一直是优秀辩护律师的主要策略之一。我同意弗莱彻所说,有人需要公开并积极地讨论旁观者的"虚假的道德无辜"。辩护律师在这一点上有时会做得很好。无论是辩护还是最终的和解,都不需要确定旁观者在法律上的罪名。需要确定的是被告并不是唯一责任人,因此即使他或她确实参与了暴行,也不应成为其他暴行的"替罪羊"。

国际法庭还面临着其他难题。弗莱彻注意到,旁观者所扮演的复杂且高度分化的角色在审判中不容易界定。我想补充一点,即使我们寄希望于辩护律师,而不是检察官和法官,结果可能也是一样的。若我们继续关注"大鱼"而非"小虾",在国际审判中,这种情况更易发生。给"大鱼"定罪很有可能会让其他人,尤其是旁观者,看上去似乎没有真正做错什么。关于这一点,我想说两件事。首先,正如我将在本文的最后一部分所述,可能要进行一些关注"小虾"的本地审

252

判。这些案件中可能会有非常多的"小虾",从而开始关注旁观者的角色,至少是那些同谋的人。其次,在道德责任方面关注旁观者的问题无关正义或和解,而是出于它们两者的共同责任。

在之前的一些文章中,我曾着重说明了在众多暴力之中,对变革至关重要的是,社区成员看到他们如何为暴行承担责任。这里不是在说法律上的共谋问题,因为共同责任的基础是一个人的态度和对责任的不履行,而不是来自直接伤害。然而,那些与直接加害者持有类似观点或他的不作为与事件构成因果关系的人,仍然可视为因他们的态度促成了暴行。也许,进行道德谴责不合适,但仍然可以说所有共谋者在道德上都有污点。当然,从法律上讲,这与道德污点和道德耻辱没有明显的共通之处,但可以通过它们来促成和解。

旁观者共谋的想法肯定模糊了道德和法律责任之间的界限。至少在某种程度上,这是因为,认为没有发挥重要作用的人——事实上,可能看起来根本没有发挥任何作用的人——仍然是有污点的,就如同他们也在伤害中扮演了主要角色。这个想法至少可以追溯到俄狄浦斯时代提出的一个非常古老的关于道德污点的理论。旁观者不一定要直接加害,弄脏自己的双手,但他们常常因为参与了他们本可以预防或阻止(或者他们联合起来可以预防或阻止的)的侵害和错误行为而有了污点。当有人在波涛汹涌的大海里溺水时,那些在海滩上的旁观者可能无法单独拯救溺水者,但他们可能通过集体行动伸出援手。至少,他们因为没有这样做而有了污点。

大规模暴行通常发生在人口密集之地,而受害者在某种程度上就像溺水的游泳者——如果有人上前并采取行动,或组织其他旁观者共同采取行动,或拒绝为肇事者的行为提供便利,可能损害是可以避免的。正如马克·德拉布所说,"目的明确地应对并阻止大规模暴行的难点之一,是法律如何评价那些虽无正式罪名却也同样负有责任的共谋者和沉默的大多数"。并且,对旁观者的共谋做出回应是确定哪种制裁有效的关键。德拉布说:"深层共谋在大规模暴行中发挥

253

的作用比在孤立的普通犯罪中发挥的作用要大得多。忽视或否认大规模暴行犯罪的独特性阻碍了对大规模犯罪的有效追责。"此时惩罚可以发挥作用，但不同于个体杀戮的大规模杀戮涉及了不同的心理因素，这使情况变得很复杂。

五、旁观者的道德心理学

欧文·斯特劳布认为，旁观者有可能阻止或减少大规模暴行，但往往因为缺乏内心驱动力而夭折。他列出了旁观者心理能力不足的几点原因。斯特劳布指出，"严重、持久的生活困境"使人们感到沮丧并使他们相互敌对。此外，他认为，有研究表明"无论是何种来源的个人和群体的价值贬损，使他们更易受到伤害"。并且，对旁观者而言，"替罪羊心理通过减轻责任感来保护一种正面认定……它可以使人们团结一致站在那些替罪羊的对立面，从而在困难时期保持积极的联系和支持"。以服从为内核的社会化也起到一定作用。根据这些心理因素，斯特劳布得出结论："面对社会亚群体的痛苦，旁观者经常保持沉默和被动。"事实上，斯特劳布将这些因素与包括国家在内的外部旁观者成为被动旁观者的原因联系在一起："卢旺达呈现出的是一种非常令人不安的全球性的消极状态。"

然而，斯特劳布希望旁观者能够在面对大规模暴行时不要保持被动，尽管旁观者的共谋"可能会更多地鼓励犯罪者"。对那些犯下暴行的人，旁观者既可以施加负面影响，也可以施加正面影响。

"随着时间的推移，通过发表意见并采取行动，可以强化旁观者阻止暴力的价值观，这是犯罪者在对待受害者群体时忽略的。大多数群体，都很难对自己有所认知，很难对自己的行为和变化有所了解。他们需要其他人作为他们的镜子。"

一旦有旁观者做出表率，他们也会鼓励其他人加入他们。"对犹太难民的救援人员和其他救援人员的研究表明，对可提供帮助者的关注范围通常会随时间逐步扩大。"斯特劳布提到了如何让旁观者采取行动:"只有当人们——儿童、成年人、整个社会——意识到了自己与他人的共同人性,以及让他们仇视他人的心理过程。"这与我之前引用的格劳秀斯的观点非常相似,而他的观点发表于约400年前。

依我之见,大规模杀戮通常不会发生在人们倾向于彼此守护的地区。当人类群体不再将自己分化出"我们与他们"的对立面时,更易于出现这种倾向。和解涉及了引发这种倾向的条件。表现之一是当一个人没有采取行动防止暴行时,他将感到羞愧或耻辱。正如玛丽娜·奥萨纳所说,"这些人在多大程度上仍然是邪恶的或他们的道德依旧蒙尘,取决于此人是否拒绝承认并修正已经犯下的错误",这可能造成伤害。

255

让我们看一下合道德性以及合法性可以部分融合并激励旁观者的另一种方式。托马斯·希尔谈到了最适合旁观者的二阶道德责任。最合适的责任是希尔所称的"道德自我审视的责任"。希尔认为,旁观者所犯的,通常不是认知失误,而是动机失误。特别是,旁观者被自己邪恶的一面所控制,"通过自欺欺人,特别是恳求,以及其他方式让我们的动机显得比他们更好"。而这些激励问题中最严重的问题之一是,旁观者经常认为他们自己是善的因素,假设自己的动机是好的,无论这些动机是什么。如果我们将这个想法与道德污点结合起来,我们就会认为旁观者认为自己被他们的被动性所玷污,并且即使考虑到他人行为的广泛共性,也要将他们的被动性视为责任承担的失败。这也是由联合国主办的2005年会议产生的"保护责任"运动背后的基本思想。

关注旁观者可以让我们意识到,在"周围"明明还有那么多人的地方,如何发生大规模的伤害。防止这种暴行的方法之一是让人们认为自己有能力行事,且有动力这样做。正如我们接下来将要看到的,承认普遍共谋的事实和个人角色的认定,对于自我认知及为社会变革提供驱动力至关重要。但是这里没有什么神奇之处——每个人的情况会有所不同,指责那些同谋的人可能会进一步加剧相互间的怨恨。我一直在探讨一些可以促进和解的因素,而这些因素与刑事审判并不矛盾。关于其他因素的详细情况,本部分暂不赘述。

六、卢旺达的加卡卡法庭

在卢旺达,有一系列的举措是尝试应对种族灭绝之后人们对正义的渴求,以及在噩梦般的经历后对和解的愿望。我们面临的主要困难之一是卢旺达社会的许多成员,要么直接或间接地参与了杀戮,要么是本可以制止暴行的被动旁观者。和解不仅仅可以让图西人和胡图人停止互相伤害,还将涉及民众与种族灭绝的广泛共谋。因为此时两个族裔派系与社会中相应的受害者—犯罪者群体不一致,而这对于防止未来的暴行非常重要。在我看来,刑事审判可以帮助实现和解。

早些时候,我讨论了国际刑事审判批评者常常持有的观点,即这种审判可以进一步激化双方的种族或宗教争端。在巴尔干地区,矛盾已经被激化,海牙的审判往往使塞族人更多疑,对前南斯拉夫境内其他族裔也有所不满。但在卢旺达,有两种对种族灭绝罪的审判:针对主要加害者的一小部分审判由阿鲁沙的卢旺达问题国际刑事法庭(ICTR)进行;针对大部分人的当地审判,即加卡卡(字面意思是"基尼亚卢旺达语中的草案中的正义"),人们的目光锁定很多可能潜在参与了种族灭绝的人。尽管在这些案件中存在一定困难,但两种类型的审判都有助于认定种族灭绝的共谋程度以及对暴行的共同责任有多大。

加卡卡只是审判而不是真理或和解性程序,尽管它与两者都有一些交叉。加卡卡是依照诉讼程序进行并由法官定罪量刑的"审判"。之后有一个适用同一部刑法的上诉标准。但地方一级的审判由选拔出来的长者主持,而不是由受过专业训练的法官主持;证据规则在这类程序中会适度放宽,法官也比正常审判拥有更多自由裁量权,但仍会尽量保护被告的权利。加卡卡的去中心化审判被认为是通过将社区和犯罪者联系在一起,帮助社区自我修复(尽管社区的情况已经不同于种族灭绝之前,有许多人已经搬迁或准备搬离)。

德拉布担心阿鲁沙的卢旺达问题国际法庭对卢旺达当地的加卡卡法院施加压力,或导致加卡卡的受损。来自卢旺达问题国际法庭的压力逐渐蔓延到加卡卡,敦促他们把重点放在刑罚的报复和威慑目的上,而非传统加卡卡的恢复目的。事实上,其他批评者认为,威慑和报复,即刑法传统的规范性目的,与和解有很大不同。这是南非真相与和解委员会(TRC)不允许在他们开展活动期间,同时对暴行进行刑事审判的原因之一。这令许多受害者家庭感到沮丧,他们寻求的不仅仅是和解,而是正义。

在社会层面,和解并不仅仅关乎个人。也正因如此,报复的规范性目的与和解会有所冲突。报复是单方面的,而不像和解一样是双方或多方的。当只有双方中的一方对结果感到满意时,此时进行的和解实际已经背离了"和解"一词的含义。报复不是双方,而仅是一方感到满意,即受到侵害的那一方。报复,特别是谈到刑事审判时,关注的是社会和受害者。犯罪者是受审者,不是要令他满意,而是可能要宣判他有罪。为了使受害者和社会成功报复,犯罪者必须承受一些痛苦,无论是罚金还是监禁。但是,这种痛苦并不涉及长期监禁,特别是当被告不是主要参与者时。

卢旺达的加卡卡法院试图通过施以惩罚,让受害者及其家属获得一些报复的快感。它还试图通过让社区参与诉讼,促进社会中原本对立的社会群体之间的和解。我认为,最好是在社区成员进行内部审查并询问他们的同谋时实现上述过程,而不是仅仅让他们看到已经被标记的犯罪者。同时实现报复与和解确是一种微妙的布局,

257

258

如果压力会使加卡卡程序更符合标准审判，报复往往会占主导。但这并不是说两个目标之间无法保持平衡——只是想要保持这种微妙的平衡，就要让它免受外部压力的破坏。

像我一样站在被告立场的人将对国际刑事审判施加压力，让他们不仅要关注受害者，而且要尊重被告以及其他更多可能的加害者。这些考量使得审判也不一定非得反对和解。想想萨达姆·侯赛因的审判。如果在审判中，更多地为被告以及仍然关心萨达姆的人保留他们的尊严和权利，审判和处决就不会使伊拉克的和解如此举步维艰。以人道审判的方式对待被告的人被施加了压力，这种压力可能有助于饱受蹂躏的伊拉克调和什叶派和逊尼派的矛盾。在公平审判中获得报复并要实现这一目标的压力与实现和解的目标并不矛盾。

因此，一些批评者，如德拉布，所担心的审判给同时进行的其他和解方式带来的压力，并非无法克服。若国际刑事审判被认为只是让受害者及其家属满意，问题确实会变得更棘手。事实上，这使审判作为正义报复的维度变得微不足道。然而，我认为国际刑事审判应该同样关注被指控者的权利和待遇，包括与案件相关的人，以及受害者及其家属。如果是这样，那么国际刑事审判就不一定会与和解目标相悖。

还有一个我希望可以在本部分简单探讨的问题。对于卢旺达的一些社会成员而言，加卡卡使政府更加责怪"在卢旺达社会中制造分歧的外来者"。这是加卡卡程序的一个负面结果，但不一定与程序本身有关。加卡卡程序可能也在发挥着不同功效。加卡卡可以通过说明卢旺达有多少社会成员参与暴行，证明这个问题也是一个"内部人士"的问题，包括那些使用大砍刀杀死邻居的人，卖掉大砍刀的人，以及那些看起来不会做这些事的人。大部分参与卢旺达种族灭绝的人并不是"外来者"。总之，有理由认为，某些刑事审判可以在一个经历过种族灭绝的社会中，积极推进和解。

前面讨论的问题之一是，只关注少数加害者确实很难理解是什么造成了种族灭绝，以及谁该为它负责。进行的审判越多，拼图碎片也就越多。但是，如果审判确实可以惩戒一些低级别的小角色，那么强调治愈和惩罚的当地审判可能是最好的选择。也正因如此，虽然我担心审判对被告的公平性，但我仍然支持卢旺达的加卡卡程序。

七、对人类与法律的尊重

当人们尊重他们的同胞并反过来得到别人的尊重时，一个社会就能够顺应法治，而不是陷入暴力与政治争斗。在建立或重建法治上，旁观者起到两个非常重要的作用。首先，旁观者会发出信号，表明社会成员在遇到危险时，向他们伸出援手的人会受到尊重。其次，当没有帮助他人的旁观者在道德或法律上受到批评时，法治也会因这种对受难者的尊重而得到加强。就是在这种情境之下——即社会的所有成员都受到尊重，法律面前人人平等，并且，若某个人受到侵害，他们的同胞会来帮助他们，而不是让他们受到孤立和歧视——法治得以建立或修复。

法治建立在法律面前人人平等的基础上，也建立在公平对待的基础之上。至于平等和公平，尊重每个社会成员是关键。法律面前人人平等的前提是，在法律上没有人，特别是没有少数群体，会被视为二等公民；更为重要的是，不会有人仅仅因为是少数派，而要面临危险和伤害。为了维护法治，旁观者必须发声或采取行动，以对抗那些不尊重少数群体的人以及对社会心怀怨恨的人。

公正意味着必须保障每位社会成员最低限度的正义。如果平等对待所有人意味着所有人都要面临不利待遇，那么这是远远不够的。任意的和反复无常的待遇，特别是要受到不应有的伤害或面临受害风险，不应是遵守法治的一部分。这是富勒的程序自然法所表达的，也是哈特所提到的自然法的最低限度。旁观者也可以发挥非常重要的作用，而不是默默忍受一个不能在社会中提供最低限度正义的政权。实现这一目标最重要的是支持法律机构、法官和律师，以监管政府行政部门的任意和反复无常的行为。

当实现法律面前人人平等以及社会中最低限度的正义时,就可以建立起对人的尊重和对法律的尊重。虽然程序和机构都是法治的关键要素,但不能仅仅依靠它们来建立或维系法治。此外,大多数人必须认同法治的指导思想。简·斯托姆斯也曾说过,还要有建设法治的能力。我也同样强调了,如果社会的大部分人只是袖手旁观,让政府或多数群体以破坏平等或公平的方式践踏少数群体的权利,那么仅仅拥有良好的程序并不能维系法治。但是,制定程序可能会激励旁观者不再沉默。从某种意义上讲,拥有公平的良好程序不仅直接地建立了法治,而且间接地通过鼓励旁观者尊重他人也尊重法律来支持法治。

有些人认为加卡卡法院正是因为没有提供公平的程序,已经失败或濒临失败。据报道,贿赂加卡卡法官、恐吓甚至杀害证人的情况都已发生。如果这是真的,我必须收回对加卡卡程序的短暂支持。但是,进行本地化审判以尊重所有各方并试图弥合正义与和解之间的差距的想法仍然值得探寻,而这可能是在卢旺达这样的社会中重启法治的唯一途径。

在本篇中,我论证了当旁观者认为程序值得尊重时,法治可以通过公平程序制度得以建立或重建。仅仅对破坏或妨碍法治的暴行参与者进行国内或国际审判,是远远不够的,但它往往是呼唤法治回归的必要因素。从自由大宪章时代到雨果·格劳秀斯和威廉·布莱克斯通的富有开创性的著作,公平的程序被视为培养对法律的尊重的关键因素。今天,我们已然看到,培养这种对法律的尊重确实取决于公平程序。然而,我们也看到,旁观者必须认为法律程序是值得尊重的,进而不再默许他们对权利的剥夺。在饱受战争或暴行蹂躏的社会中,国内和国际的刑事审判可以对建立或重建法治发挥重要作用。旁观者必须意识到他们有权改变现状,特别是通过帮助有需要的同胞来实现。可见,对人的尊重可以逐步养成对法律的尊重。

第十二篇　权力仍在扭曲权利：法治的风险

理查德·米勒

现如今，当进行干预的政府单独或联合执掌某个国家，并重塑该国的治理方式时，他们会声称，自己的目标是建立法治。在这一过程中，他们会得到来自公务员、律师、学者、智囊团，以及联合国资助下的非政府组织成员的帮助；而这些非政府组织成员构建了一个由规划者和实施者组成，以推进法治进程为目标的国际网络。

也许，在这项所谓的法治工程中，最终做出的决策并没有秉承推动法治及其潜在价值的原则。尽管如此，弄清楚这项道德和政治目标，将有助于评估那些如何改善现状的方案和建议。依据这样一条主线，我们从诸多纷乱中凝练出以下几个问题：作为一条普遍适用的规则，通过更频繁的刑事审判制度来惩罚那些在治世或乱世中侵犯人权的人，能够提升法治的重要价值吗？从根本上强化法治网络（即以法治建设为目标的规划者和实施者组成的国际网络），能够提升这些价值吗？若反对强权干预的反帝国主义情绪普遍减弱，并因此法治实施国可以更频繁地实施干预和推行法治（这些法治实施国主要是指行使武力或赞助军事力量以改变别国治理方式，并称他们战后的目标是建立法治的国家），能够提升这些价值吗？法治实施国的国民会通过支持一种先干预、后治理的普遍性规则来提升法治的潜在价值吗？在分析了法治及其背后的价值之后，对于以法治的名义而进行强制执行的提议，我会认为正确回应是"也许不应如此"。因为，尽管法治的重要性不言而喻，但法治工程应当经过仔细审查和严格控制。

一、法治及其价值

一种为我们熟悉的法治解释，来自约翰·罗尔斯的表述——"规律性正义"。应该通过制定普遍、公开的规则来规制人们的行为，而这些规则要足够准确，才能让人们合理确定什么是被禁止的。这些规则应由公正且致力于进行合理解释的法官进行适用，使整个法律体系尽可能连贯并重视先例。检察官和警察的行为也应当是可靠而公正的。应当规避那些在人们做出决策的当下，无法知晓的规则，尤其是事后禁令。那些遵守规则的人应当对于这些政治强制事项是知情的，即法无明文规定不为罪。法律赋予的公共权力有效地垄断了对武装力量的许可权；在法律的严格管控下，才授予使用权。

在对军事干预后的法治进行了充分了解和认真调查后，简·斯托姆斯、大卫·维普曼和罗莎·布鲁克斯在《权力能创设权利吗？》一书中，将这种法治概念称为"形式上的"和"最小限度的"法治，并指出符合这一标准的政权能够强制执行实质上并不公正的法律，建议更多实质正义的拥趸"坚信非正义与真正的法治不相容"。但如果这就是对法治规则性的全部批评，那么最小限度的法治应该站得住脚。另一种选择是将"法治"等同于"公正治理"，从而失去一种对公正治理的独特表述。

一个更好的方案（与斯托姆斯等人的结论一致）就是要意识到，在狭义的规则性层面，法治是至关重要的，因为人们攻击自主权的道德价值，不仅出于它的非正式性，更是因为正式法律文本都拥有特定渊源。我们说狭义的法治具有道德价值，不是出于人们对普遍性、精确性和明确性的迂腐痴迷，而是因为人们需要平静地经营人生，运用自己的聪明才智去创建生活目标，并在这些事项上投入精力与专注力，确保他们的选择有意义、有价值。在具有规则性的法治之下，利维坦（国家机器）不会突然地干预、剥夺他们的价值选择，而是保护他们免受私权利侵害。如若没有法治狭义上的公正性，人们将不得不焦虑度日，整日提防那些上位者或巨额资源的拥有者来干扰自己的生活。

然而仅仅做到这些尚不足以对自主权实施充分保护。通过恶法的正式规则也能违背自主权那些意义深远的价值。那些受法律、宗教迫害，被剥夺了和平、快乐地规划人生权利的人；那些在种族歧视性法律的统治之下，必须要屈从以自保的人；还有那些因法律没有充分照顾到穷人的需求，而注定要在温饱线上挣扎的人，同样因为暴君的专断和法官的腐败，被剥夺了自主权。因此，在缺乏可以令人们免受这些歧视和忽略的保护性条款时，支持狭义法治是不理性的。

同样，如果最基本的立法机制没有达成共同之善的意向，一个人可能会一直受害于为他人的利益量身定做的法律；就像一个褫夺权利的法案或腐败的法律判决，会严重侵犯一个人追求生活方式的权利。因此，支持狭义法治的同时也要支持为实现共同之善的立法安排。通常，这种安排会涉及高尚的君主或贵族阶层的法令。但在当今情势下，民主是一个更好的选择。

总之，保障狭义法治的法益，同样也保障了基本的公民自由、对紧迫需求的政治关注，以及倾向于促进共同之善的基本宪法安排。因此，人们可能会让"法治"标签包含以上治理要素。相比之下，为了满足合法性，即使再有野心的政治目标也要依赖其他的道德利益，甚至是有争议的自主权的价值，抑或两者兼而有之。人们不再进一步扩展其外延，将"法治"作为公正治理的一个特定标签。在评价法治的实施者时，这种对含义的限定具有道德和实践上更进一步的优势。对别国进行治理的野心促使我们提出了这样一个问题：这些举措应适当从外部施加还是留给身处其中的本国人？当法治实施者宣布他

268

们对这些问题的进一步解决方案——例如,考虑到国家中宗教扮演的角色,或经济中国家扮演的角色——也是法治的一部分时,他们将此方案与那些可以有效建立服务于个人自主权的基本法益相关联,从而简化了这个问题。这是一种极具诱惑力的手段,实行者将不可避免地惠及自身。于是,执法者对狭义法治的进一步坚持,鼓励他们对是否正确使用了权力进行认真审查。

除了接受另一种更有野心的解释之外,关注使法治的规则性更加重要的法益,是评估什么从整体上加强或削弱了法治的基础。在不利条件下,法治的规则性难以全部实现,更不用说那些更有野心的其他替代方案了。最能强化法治的一系列措施,恰是最能满足法治重要法益的那些规则。

269　　例如,假设我们减少对法律的统一适用,包括对曾经在旧政权下侵犯人权者的不起诉行为,将提高政府维持和平的能力。我们应慎重考虑这种得不偿失的建议。暴君最喜滥用这类托词。法治的本质是以法规制,而不仅仅关于法条和判决。在其他条件不变的情况下,政府在对武力的有效垄断和保护公民免受非法侵害上,其效率越低,则法治越弱。如果通过惩罚旧政权下带头侵犯人权的人,能够压制挑衅的民兵,鼓励受暴力威胁的当地精英捍卫自身权利,保持可流通的小型武器的足量供应,并保证警察是一种令人生畏的职业,那么,法治就会被削弱。其他对法治的评估都忽视了体现法治重要性的个人自主权的法益。

最后,一个关键的过渡性问题是要对自主权的潜在法益进行反思:暂时性削弱法治的行为是否会提升法治的潜在价值,因为它继而会加强法治。想想伊拉克的例子。在推翻萨达姆·侯赛因的那场战争发生之前的 10 年里,有一种对法治的独裁式的嘲弄。为了维持萨达姆及其党群的权力,公民无法诉诸正当程序,而遭受野蛮、不公正,甚至是任意性的攻击。这些攻击很少直接针对某些目标,但营造了一种政治氛围，即抵抗是极其危险的，顺从才是唯一的选择。然而，当时的公民犯罪率却极低。这一场战争的结果表明，只要考虑到法治的潜在价值，这种政治嘲弄并不是万劫不复的深渊。在这4年里，入侵、叛乱、反叛乱、宗派暴力和犯罪的混乱局面使超过50万人死亡，超过战争前所预期的死亡人数，其中包括无数暴力致死者。在2008年3月的一项调查中，24％的受访者表示，自战争以来，他们亲见或经历过家庭成员或亲属遭到谋杀，还有12％亲见或经历过朋友或同事被谋杀，而绑架所占的相应比率分别为11％和7％。当这种局面结束时，作为规则的正义，公民自由和民主虽然不完善，但比战前更有效。

法治的那些重要价值会支持还是反对整个过程？对法治的正确评估要建立在摧毁无辜人们的生活上。因此，最终的完善并不能证明这一过程本身是正义的。在充分认定法治重要性的自主权的前提之下，如何评估整场战争取决于那些身处危险之中的人的判断。在推翻萨达姆·侯赛因政权5年后的2008年3月，有一项针对伊拉克人的民意调查：从长远来看，这次战争是否符合伊拉克的最佳利益。回答中"否"与"是"的比例是2∶1。在2009年2月下旬问及战争的正确与否，占56％的多数伊拉克人认为战争是错误的，生活在库尔德保护区北部之外的人中有2/3做出了谴责，而这个保护区在战争爆发之前就已经被萨达姆保护起来了。显然，要尊重法治的潜在价值，就应当谴责推翻和取代萨达姆的整场战争。

二、犯罪与刑罚

如今，我们会问，当法治推行者进行治理活动时，狭义法治重要的自治价值，是否常常是通过惩罚严重侵犯人权者得以提升的。这种令民众信赖的惩罚是狭义法治的组成部分（为清楚起见，我将从现在开始只讨论狭义法治。而广义法治也不会影响我的结论）。在基本民事秩序条件下,当权力能够长期获得有效保障时,政府当然应当实施这种惩罚。受害者的生命价值和自由价值将得到尊重。政府对公民自主权的平等尊重将得以证实。那些破坏基本规则,侵犯了他人的人会被制止。

然而,这种保障与政府想在军事干预后建立权威的情况大不相同。事实上,一个被推翻的失败政权一直被定义为是利用地域、种族、宗派或社会差异,让固有的武装团体进行有组织的恶性暴力竞争的政权。一场胜利取决于外部干预的分离主义叛乱要面对一群充满敌意且武器充足的赞助人、追随者和旧政权的部族。一个需要在外部干预下才能够推翻的独裁统治,将巧妙地利用当地分裂形势,依靠一些重要的当地团体或精英的支持,建立一个习惯于暴力权威的社会网络,因为他们现在有很多值得害怕和可能失去的东西。外部势力的暴力入侵将激起一些民族主义者或宗派人士的愤怒,引发武装抵抗——暴力镇压——进一步愤怒抵抗的恶性循环。

军事干预后法治建设的举措尚不足,且仍在进行中。这些举措尚不能保证最低限度的正义的自我维持。因此,没有太多成功经验可以借鉴。尽管如此,想要评估干预后审判如何影响、侵犯人权,可以学习那些已经从极度不正义转向最低限度正义的国家的广泛经验。

这些国家有时会审判和惩罚在旧政权下侵犯人权之人,但有时也不会。依靠全面贯彻更严格的审判、惩罚规则,并不能实现法治的重要法益。在南非,非洲国民大会可能会选择审判,而非真相与和解程序。尽管法治可以更好地保护大多数人的法益,并以和平方式追求他们所认同的生活目标,但随之而来的,特别是在农村、军队和警察中呈现的人口和资本流动,以及非洲裔少数族群的严重流失,是否是法治进程的一部分?在巴西,在军队逐步实现文官统治的过程中,一直处于军事统治和社会基础核心地位的警察和种植园主对人权大肆践踏,却未遭惩罚,最终导致了1800％的通货膨胀率。如果平民政权扭转了局面，并让旧的军事领导人及其主要支持者受审，自主权的新框架是否会得以巩固？

取代未对侵犯人权者进行审判和惩罚的暴政的新政权领导人了解当地情况，并且拥有想要建立持久政权所需的当地人的归顺和忠诚。除了曾做出的道德承诺外，他们还有强大的个人动机，让他们利用自身的政治资源来实现这种自治权所依赖的持久稳定。如果这一进程宣告失败，他们自身的生活，甚至生存都将面临危险。与这些能力和法益相关的人做出的选择本身，就证明他们的做法提升了对自主权的尊重，而这令法治同样具有了道德重要性。

诚然，拉丁美洲实现了从镇压到最低限度的正义的转变，审判与随之而来的未来 10 年内减少酷刑、就地处决、失踪和政治监禁等侵犯人权的案例有关。然而，如果选择非诉讼的国家也效仿选择诉讼的国家，他们的法益是否会得到更好的实现？不可避免的是，通过统计分析方法寻找答案，必须依赖当地相关社会因素作为指标。运用这些指标，作为诉讼的一种拓展形式的"司法级联"的主要倡导者宪俊·金（Hunjoon Kim）和凯瑟琳·斯金克（Kathryn Sikkink），通过对过渡期国家的大数据做回归，计算出了刑事诉讼对减少侵犯人权行为独立影响的均值。在此基础上，且在一般情况和民事争议情况下，真相委员会对减少此类滥用行为的继发性似乎比审判更为有效。

毫无疑问，地方政府对有罪不罚现象的支持可以反映出对他们权力的渴望，但维护这种权力同时也会导致对腐败和任意性的过度容忍。尽管如此，掌权者怯懦的自我保护欲会提升法治的重要法益。为了自救，阿富汗总统哈米德·卡尔扎伊可以帮助普什图族农村外的绝大多数人免于在继续内战和臣服于令他们痛恨的政治局势之间做出选择，而这些都是塔利班强加给他们的。事实上，若当地领导层对特殊法益反应过度，这本身就是一个不实施审判的理由，因为审判往往是胜利者的正义，会激怒那些失败者阵营的人。普什图人不会忘记拉希德·杜斯塔姆的暴行，这位 2001 年侵略战的主要领导者之

273

一,他的部队屠杀了许多被捕的塔利班(估计数为 3000 人或更多)。他通常将他们扔进沉没在阿富汗高速公路两侧的货物集装箱,对他们进行扫射,让他们流血至死。卡尔扎伊在乌兹别克斯坦北部与他一个重要支持者——杜斯塔姆结束了 2009 年总统竞选活动的巡回演说。那些推动了对阿富汗境内侵犯人权者进行审判的人,不会给阿富汗人带来好处,除非他们考虑到最终的可能结果:杜斯塔姆选择舒适的自由流放,而惩罚落到那些卡尔扎伊不再需要他们的支持,或并不指望他们支持的人身上。

我们并不认为,更多地对那些在旧政权下侵犯人权的人提起刑事诉讼,会提升法治的潜在法益。相反,它可能会危及那些将规则的正义视为重要目标的价值。

三、巩固法治网络?

不对人权滥用者起诉有时可能也会强化法治,即使只是狭义层面的作为规则的正义,这是作为规则的正义与法律统一性相去甚远的证明。狭义法治有时会被视为一个正式的目标,而不是一种野心勃勃的选项。这表明它的存在在法律和司法程序中有迹可循:如果一个国家有一个单一、普遍、明确的法律体系,且判决都是公开的,那么就实现了作为规则的正义。但是,由奉公守法、刚正不阿的法官管理的统一标准的法律体系却可能是完全无法运作的。对个人自主权的有效保护以及管辖权良性差异(如美国各州之间),是将区分作为规则的正义与法律统一性的原因。这种区分的实践重要性有助于对接下来的这个问题做出否定回答:法治网络是否应该得到显著加强?

该网络的参与者帮助了外部权力支持下的政府,策划并实施了一些法律程序和最终可以自我运转的制度,以人道的精神和超凡的勇气来达成这些目标。通常,他们是律师,或拥有法律学位的人,是跨国组织官僚机构中的公务员或法治践行者,或者是在依赖外部支持的非政府组织或发达国家基金会中拥有长期工作经验的人。随着对外展工作的进一步关注，那些来自干预后国家的公民，通常是受过教育的城市精英。他们正是最宝贵的资源，以目前的情况看，特别是在改造因独裁、内乱或被分离主义叛乱推翻的统治而退化的国家制度这项艰巨任务中，他们显然也是有建设性的意见者和有效的协调者。但是，他们不可避免地会倾向于让从业者支持法律的同一性。

而后的劳动分工更加强化了这种倾向。最终，法治网络的当地机构成为干预权力的喉舌。这种从属关系会将法治计划与建立具有法律同一性的现代模式的国家权力机构相联，而这正是法治实施者最想要的结果。法治网络的当地机构的任务没有，也不应当通过对这种模式的偏离来促进稳定。这些策略的评估与贯彻最好留给政治家和当地行政领导——无论如何，他们会给自己保留法律同一性带来的这些特权。

法治网络已经拥有大量可支持他们进行建议、规划和治理的资源，而运作的方式最终取决于法治实施者和相应地方政府的接受和授权。是否应该大幅提高他们的独立性——例如，给予他们更多外部援助，或者在与新政权发生冲突时更多地支持法治实施者。通过对过去侵犯人权案件的定期刑事起诉评估表明，答案可能是否定的。在干预后的分工中，新的政治领导和法治网络的地方机构往往会对法律同一性的利益和风险做出不同反应。一旦面临危险将难以挽回，且当地政治领导人也会对此做出激烈反应，目前达到的平衡是比较理想的。

如何处置干预前的侵犯人权者，绝非唯一一个使得法治的重要法益与法治网络的法律同一性相冲突的问题。实际进行了干预或可能进行干预之地，几乎都在发展中国家，它们的贫富分化，城市、农村及不同地区之间的分化严重。如果过去的实践将成为对未来的指导，那么，要求遵守全面、精确和普遍的国家法律规范，并平等适用它们，有时会伤害到民众，而非帮助人们摆脱贫穷的束缚。有些国家有

275

几亿人口摆脱赤贫，获得重大发展，是通过晦暗不明的产权制度，相对不受法律约束、也不公开的政府引导，以及对各地区具有重大差异的许可和补贴实现的。这确是惩治"滥用"与"腐败"的途径之一，而且这种不规则性也是在进入世界市场时普遍具有的，为了平衡外国投资者偏好以及长期发展目标下的当前需求。所以，韩国、日本和印度尼西亚选择了捆绑了裙带资本主义、统治集团或资深官僚的无限政策制定的快速增长模式。

把所有因素都考虑在内，在干预后加强法律同一性会放大还是抑制贫困？正确答案可能取决于对法治网络不敏感的当地情况的变化。在法律同一性发挥重要作用的地方，库布里亚（M. G. Quibria）计算了颇具影响力的世界银行治理质量指数。他发现，在亚洲，从 1999 年到 2003 年，在基于收益的治理期望上，低于全球人均收入平均水平的发展中国家已远超发达国家。这并不意味着受石油诅咒的非洲国家（显然，大国军事干预没有威胁到他们）的盗贼统治是良性的。

对于发展中国家的普通公民亲历的法律程序而言，法律同一性的其他问题是内部问题。在大多数发展中国家的贫困人口中，稳健发展通常涉及在非正规经济中的自我增长。其中，非正规经济是指商事法律遭到忽视，且已建立的公司和机构的法律权益经常受到侵犯的经济，如电力线路的开发问题。执行统一的法典往往会导致守法、诉讼和辩护的高昂的金钱支出，以及在知识、社交、在文化或语言技能上的劣势所产生的成本——因为，穷人被迫要求通过政府机构和法院捍卫自己的权益。

在发展中国家，经济、文化和地区差异往往导致了多样化的法律和裁决制度——例如，发达国家常见的国家法律体系、司法机构，与具有多种地方规范和惯例的农村司法的结合；依赖于各种部落长老的解释传统的神职人员的裁判；以及大农场主做出的裁断。出于某些原因，可能大多数人并不信任法治网络所支持的国家法律制度，这反映出法治网络具有难以克服的弊端。

干预后法律统一性的进一步实现，可能有助于实施者让经济受到世界市场的约束，并使未来地方治理不受经济水平的制约。但是，就像华盛顿共识一样，这些努力大体上可能不会引起人们对追求他们认同的价值目标的兴趣。当然了，一边是善的法治建设，另一边是法律的统一性，这会让那些受干预的国家里，贫穷的大多数人更难做出选择。

诚然，当不理会全体公民意见的当地国家政治领导人忽视或反对法治网络的当地分支机构提出的倡议时，他们也可单独提出倡议。绝大多数公民在治理方面的明智建议应该独立发挥决定性作用。这对《权力能创设权利吗？》一书中6次引用到的报告是非常重要的。这也正如斯托姆斯的贡献，充分说明了民众对处罚曾经侵犯人权者的广泛支持。现在，在阿富汗这个法治项目最具活力和危险性的地方，阿富汗独立人权委员会的报告称，76%的受访者在一项全国性调查中表示，"在不久的将来，将战争罪犯绳之以法"会"增加和平的稳定性，并为阿富汗带来长治久安"。同时，在焦点小组中，41%的人提到他们最关注的是安全问题，10%的人则认为是消除无故失踪现象，10%的人认为是解除武装（相比之下，只有4%的人提到法治，远远落后于14%的"电力"）。

与卡尔扎伊政权的做法形成鲜明对比的是，这种对阿富汗的认识似乎是加大起诉力度，促进统一以保障安全的关键证据。而这正是由委员会提出的。事实上，调查还有一个特别的原因。对于当前最具活力的法治工程而言，它在那些将深受法治影响的人群中创建了各种各样的观点，复杂、灵活和智能的信息，以及一系列举措，这些举措为不应当通过法治网络所提倡的法律统一来影响治理提供了强有力的证据。

阿富汗独立人权委员会几乎经历了我所描述的所有内忧外患。该委员会是根据《波恩协定》，由卡尔扎伊设立的，但在向阿富汗和美国/北约部队报告平民伤害方面，该委员会表现得非常独立。到2003

年，他们选取的立场是对那些侵犯人权的人——特别是犯下战争罪的人——系统地施以刑罚。在 2004 年塔利班重新抬头之前，该组织进行了调查。

278　　当被问及他们是否"对阿富汗法律制度有信心，能够让侵犯人权者为其行为负责"时，58％的受访者的答案是否定的。这绝不是说，受访者认为与他们期望中相反的现实中的政府提高起诉率的可能结果就是应该令社会更稳定。关于起诉和惩罚在战后司法中扮演的角色，受访者往往不会选择对明确的罪行进行严厉的同罪同罚。当被问及"正义对你而言意味着什么"，40％的人选择"刑事审判的正义"；26％的人选择"和解"（15％）、"补偿"（6％）或"披露真相"（5％）；26％的人选择了"以上皆是"。被问及"你是否支持赦免那些在为过渡时期的正义而设立司法制度之前认罪的人？"39％的人回答"是的"，这一比例占到"该国东北地区的 2/3"。如果没有东北地区的支持，喀布尔政府行将崩溃。例如，阿富汗军队中有 56％的人是塔吉克人，而这正是一个聚居在东北部的部族。那些考虑到了赦免和随之而来的政治现实的受访者，会将对战争罪的惩罚视为有助于保障安全的正义吗？答案在焦点小组的报告中并不明确，但这种反应对于那些如此开放和充满智慧的人来说是令人惊讶的，因为他们遭受了令人震惊的虐待，迫切需要安全感。再仔细看，该调查证明了阿富汗人处理正义相关问题时的谨慎、灵活，即当作为规则的正义被充分实现时，法治网络往往与相适于骇人罪行的处罚相关联。

四、权力越大就会越正义吗？

我们目前的讨论都只关于一些附带性问题。军事干预后的法治网络活跃于何处，它的作用是什么以及它的建议是否真正影响了治理，这主要取决于法治的实施者。因此，核心问题是关于他们的行为的问题。

如果削弱当前对侵略的反抗情绪，即对帝国主义的广泛抵制，并鼓励法治实施者更频繁地进行干预，人们对法治的潜在兴趣会有所提升吗？有人认为，由于数百万人受到了法治缺失的影响，法治的自我维持很难实现，这种转变是对一些糟糕问题的恰当回应。在他们看来，目前对拥有强大权力的接管国的厌恶情绪，是相应救援的一种障碍。例如，保罗·科利尔在他的知名著作中提出，适当的军事干预将成为最贫穷的国家利益的来源，并惋惜伊拉克事件没有实现这一点。尼尔·弗格森认为，建立"强有力的法律和秩序的制度基础"应该是美帝国的最终目标，这一目标被目前尚不愿坦率接受帝国野心的心情一叶障目："美帝国的正确角色就是建立他们缺失的制度，如有必要……可以通过军事力量。"

在评价这些旨在复兴所谓的美德以推动法治的建议时，重要的是要辨别出各种需要弥补的法治缺陷。根据对实施者潜在趋势的准确评估来思考干预主义的建议也很重要，其中最重要的实施者就是美国。

卢旺达现在陷入了一种困境。除非有充分的理由相信干预将导致更大规模的屠杀，否则应该强令禁止正在进行的大规模屠杀。强大权力辅助下的速度和效率有助于救援。毫无疑问，无论要付出什么样的成本，预期受益人都会欢迎救援。这类罕见的暴行启动了干预机制，而它特殊的对人类良知的挑战，决定了它相异于其他加速军事化进程，加剧紧张局势以及出于对竞争对手的恐惧而导致的不稳定。虽然这种人道的救援服务已经被区域性权力（例如，印度政府在东巴基斯坦，越南政府在柬埔寨）有效推进，但包括美国在内的大国权力更加想要进行干预，这也将是一种人道主义资源。

然而，在这些案例中，国家主权被忽视了，已经不存在什么需要被克服的反帝国主义厌恶情绪的重大障碍了。障碍反倒在大国欲将其军事资源倾注在更有利可图的目标上。当然，在联合国安理会对

279

280

卢旺达的重要审议中，即那些随后被工作人员泄露了记录的非公开审议，没有任何国家对卢旺达主权遭到侵犯的事实表示关切。联合国常任理事国只注意到了他们需要投入大量资源才能成功救援。尽管联合国人员在卢旺达要求增援（因为当局已经构成种族灭绝罪并有 50 万受害者），"根本没有为了减轻这些人（其余的维和人员和医务工作者）的痛苦而进行的任何讨论，也没有任何关于如何增援他们的建议"。

那些法治失败下的国家混乱（那里群龙无首且武装团伙极尽凶残）与大规模屠杀有着重要的相似之处：这种混乱是致命的，并且因为缺乏有效的国家主权，而对主权的顾虑大大减少甚至消失。尽管如此，仍有理由担心美国会采取军事干预措施来扭转这些致命的法治失败。当美国人入境时，他们会通过强大的火力来掩护自己的部队。查尔斯·梅恩斯在担任《外交政策》(Foreign Policy) 编辑时报道，"美国中央情报局官员私下里承认，美国军方在其参与期间可能已经杀死了 7000～10000 名索马里人（仅仅为了结束索马里的法治失败）。而美国仅损失了 34 名军人"。在法治践行失败的国家，如非洲的一些国家，美国对失败国家的频繁接管将引发其他资源丰富的盟友的竞争，从长远来看，会刺激军事化并增加冲突。联合国维和部队或非洲政府、联盟和组织的干预措施可以避免这些危机；并且，在后一种情况下，可以调动一些有用的当地资源。对更频繁的干预的普遍接受似乎是给法治失败的国家开出的一张并不完美的处方。

281   与针对广泛、持续的大屠杀和政府失败实施的救援相反，稳定的独裁统治实施的军事救援确实违反了公认的主权原则。若应该用更多干预来完善治理状况，那么唯一的超级大国就要起到带头作用。联合国安全理事会的援助并非遥不可及，强大的武装力量是必要的，并且，任何以想要改善社会治理而鼓励其他专制国家入侵的行为都将有触发战争的危险。向这种帝国更多地敞开国门会提升还是破坏法治重要的个人自主权的价值？

我已经说过，答案取决于实施者是否只有在有充分的保障下才会实施干预。即尽管存在危险，但暴政的受害者总体上对这一行动知情并允许。暴政所依赖的支持，所利用的分裂，以及大国干预所产生的民族主义愤怒，通常都是严重危机的根源。伊拉克正是一个血腥的例子：人们可能会为了推翻一个令人憎恶的独裁者，而付出远超收益的代价，也即令他们的个人自主权受到灾难性的侵害。在侵害发生前，没有在其知情的情况下做出任何值得信任的保证。而这之后，保证将更难实现。

尽管如此，为美国的入侵寻求更大的开放性，以法治取代独裁统治，有人会坚持认为，伊拉克人在入侵及其后续行动中对缺乏应有约束的法律的担忧是一种反常现象，或者在任何情况下，人们更支持入侵这一错误未来都可以得到纠正。然而，基于这种希望而鼓励干预将是一个糟糕的选择，这会让那些本来就已经负重前行的国人雪上加霜。在美国两党领袖及多边战略因素影响下做出的决策为下列事项提供了重要原因：美国利用军事力量改变发展中国家的政治轨迹，这不会受到未来破坏性局势的明显限制，而会受到美国在地缘政治利益的影响。

发生在美国军事干预的两个主要地区内的标志性事件包括博涅克（Zbigniew Brezinzski）后来所说的，美国向喀布尔一个新的亲苏维埃政权的反对者提供援助"以吸引俄罗斯人进入阿富汗陷阱"，这是致使包括绝大多数平民在内的 100 多万人死亡的陷阱，美国对伊斯兰叛乱分子的大量援助激化了这场冲突。在苏维埃政权撤军后继续向军阀提供武器和补贴，以削弱来自伊朗的影响，军阀使该国受到无法可依的恐怖统治，例如，包括绝大多数平民在内的 25000 人死于 1994 年争夺对喀布尔控制的派系斗争。美国尽力阻止任何一方在两伊战争中取得决定性胜利，包括分享"故意歪曲或不准确的情报数据……以防止伊拉克或伊朗占上风"，延长了 20 世纪时间最长的，有

282

50万人死亡的常规战争所带来的痛苦。在第一次海湾战争中使用精确制导武器来摧毁制冷、供水和污水处理所依赖的发电站,旨在破坏"'让一个国家可以维持自身运转的所有事物'……为了让人们知道,'只要摆脱这个家伙,我们将非常乐意协助国家重建'"。美国在第一次海湾战争期间及之后所采取的一系列措施,包括对重建的制裁,在军事行动开始后一年内造成超过15万名伊拉克人死亡,其中绝大多数并不是在战斗中丧生的士兵。克林顿政府坚持制裁决策,阻止伊拉克进口解决公共健康危机所需的卫生和医疗保健用品,最终导致伊拉克5岁以下儿童死亡人数达10万人或更多。

总的来说,当普遍的反帝国主义情绪使得干预从无障碍到有极大障碍时,鼓励更频繁的干预越来越有可能破坏法治的价值。为了追求地缘政治利益而投入资源并积极维护滥用人权的政体时,一个被反帝国主义情绪影响较小的美帝国将破坏这些价值,而非保护它们。

五、这种坚持是有价值的吗?

我研究的最后一种观点是支持在干预后继续坚持法治,它会引发在频繁干预大规模屠杀的前提之下的对人类智慧与人性的怀疑。在那些实施者想坚持法治就要对叛乱分子进行大规模杀戮和残害,同时造成非战斗人员的大量死亡和被破坏的国家,这种风险尤其大;此二者都是实施者造成的附带性损害,也是因实施者的坚持而造成的暴乱。在这些关于坚持问题的关键点上,实施者从以下备选答案中做出了选择:很快撤离并为当地的竞争性势力提供一个合理的国家解决方案。他们有可能维持一个合理的安全水平,但不太可能提供法律的同一性或法治;或者留下并继续建设当地政体,让其达到更高的目标。最后一种选择下的重大转变将推动法治的潜在法益,而不仅仅像基普林建议的那样,美国在菲律宾的成功干预后坚持并"挑起白人的重担——耐心坚守,掩饰起恐怖,隐藏起骄傲"。

支持美国在干预后坚持法治,不可避免的是支持美国施加一种推动美国权力的法治形态,而其实减少屠杀并不是其首要任务。在伊拉克,推翻萨达姆·侯赛因之后可能很快就会开始选举。这是占领后第一位领导人的期望——一个月后就下台的可怜的杰伊·加纳。这可能让伊拉克避免陷入混乱局面,让复兴派的余党和什叶派达成了协议。但欧佩克权力的卷土重来可能很难为美国的利益服务。伊拉克军队的解散以及复兴党成员在政府阵地的大规模清洗,为逊尼派叛乱活动提供了重要推动力。逊尼派叛乱很快消灭了大部分伊拉克地区的反抗,并继而点燃了反美情绪。然而,同样的反叛乱措施也打破了组织良好的群体力量,这些力量可能在继任政权中回归反美民族主义情绪。2004年,在费卢贾的一个逊尼派叛乱中心和纳杰夫的什叶派起义中,随着武装反美高潮的到来,这也是大多数伊拉克人最想结束宗派冲突的时刻。在一次包括库尔德北部联盟临时权力机构的民意调查中,64%的人曾表示,"费卢贾最近发生的事件以及萨德尔(纳杰夫起义的领导人)的行为使伊拉克更加统一"(相反,认为"更加分裂"的人占到14%)。也难怪,因为认为联军作为占领者而反对他们,已经是一个很统一的立场,占到92%。但是,反美力量的国家解决方案并不符合法治实施者的规划。

即使在宗派暴力的频发期和随后的激增期,大多数伊拉克人在民意调查中仍然表示,美国的退出而非坚持,会促成和解与安全。或许他们错了。但是,很难说美国的放弃要比运用强大武力继续坚持下去所带来的实际结果——无数额外死亡——更糟。无论如何,继续坚持美国的法治工程的未来成本是什么,伊拉克人应当获得知情同意。这种毫无保障的信心冲淡了可以阻碍进一步干预的焦虑感。若将地缘政治利益置于一边,那么基于对美国会采取何种行动的猜测而坚持下去,这更加糟糕。它一厢情愿地牺牲了弱势的民众。

最近,法治工程的持续性问题是引发国际战争的主要原因:在阿富汗,美国是否应该坚持在普什图乡村摧毁基地组织或将塔利班边缘化,同时努力减少卡尔扎伊政府对该国其他地区的军阀或任意地方当局的腐败和任人唯亲的依赖?法治工程会引发长期的大规模暴力。多年来,喀布尔政府在该国的影响与本地权力破坏者有关。塔利班组织势力根深蒂固,除非有持续性大规模暴力,否则很难将其根除。自 2009 年 8 月的一次出行归来,吉勒斯·多罗索罗(Gilles Dorronsoro,现就职于卡内基基金会),这位工作了 20 多年的阿富汗深度调查员称,在普什图乡村,"没有国家结构",也"没有让人们免受叛乱之苦的切实可行的办法"——普什图乡村包括"阿富汗 34 个省份中受到主要影响的 11 个省",也是在 12 月,参谋长联席会议主席谴责塔利班组织。塔利班组织常常得到当地宗教势力的大力支持,他们在乡村法院发挥领导作用,根据被该地区广泛接受的伊斯兰教法的严格解释进行严酷的司法活动。绝大多数阿富汗人坚信,他们作出的公共裁决比州法院更值得信赖,也更有效。正如美国驻扎布尔省高级民事代表在 2009 年 9 月的辞职信中所写,想要赢得这一运动的欲望是支持征兵的一个重要动力:"普什图人的叛乱……被普什图族人认为可以追溯至几个世纪前,由来自内部和外部的敌人对普什图的土地、文化和宗教进行持续性攻击。"

2011 年 6 月,当奥巴马总统宣布这项裁决的时候,美国原则上可以控制军队人数的增长,保留极少人,保护在广泛的反塔利班情绪支持下而进行的反恐罢工的北部地区和城市。与此同时,美国可以鼓励阿富汗做出让步,这可能包括同意塔利班对普什图乡村的统治。或者,美国可以坚持不懈地打击塔利班,将其边缘化;或直到出现一个公正执行法律、保障安全的廉洁的喀布尔政府,赢得国家和人民的信任。

我们并不认为,大多数阿富汗人,更不论风暴中心的普什图人,会支持第二条道路，即耐心蛰伏，忍受暴力。然而，没有什么能比在阿富汗建立自由和统一的法治更为重要了。或许这种转变满足美国外交决策中所指的"区域稳定"。也许，经过 30 年的战争，持续不断的杀戮、致残和美国的入侵之下，阿富汗的和平前景仍然堪虞。但也许坚持法治会引起得不偿失的大屠杀。我们并不鼓励，用为了达到法律统一却不肯进行自我批评的承诺，以及法治网络想要达成的法治的自我维持来对这些关乎阿富汗的许多假设进行监督。在尚未实现这些目标前就收手，而非一意孤行，或许会尊重和提升使法治变得重要的价值。

286

六、危险的全球性倡议

在 20 世纪末，进行结构调整的巅峰时期，大多数贫穷国家的发展都是按照主要由美国设计的，以市场为基础的繁荣。这场大型的全球性倡议给美国和其他发达国家带来了商机，但是对发展中国家造成了广泛的破坏，似乎也会减缓其发展。在保留《华盛顿共识》中的正确部分的同时，对单一方向的全球拟合以及美国的全球性获益的更深怀疑，以及对当地情况的更深了解可能减少了这种损害。随着产业结构调整的光彩逐渐褪去，法治工程的吸引力日渐显现。遵循法治的治理方式有望缓解痛苦，同时也会让全球精英支持的大胆倡议同样面临危险。"一朝（其实已经是多次了）被蛇咬，十年怕井绳。"法治的成因与如同市场繁荣的成因一样，最好居安思危地看待它，并对外部溢出的危险存有深深疑虑。

图书在版编目（CIP）数据

迈向法治／（美）詹姆斯·E.弗莱明编；窦海心译
.—杭州：浙江大学出版社，2022.1
（文明互鉴／张文显主编.世界法治理论前沿丛书）
书名原文：Getting to the Rule of Law
ISBN 978-7-308-20097-4

Ⅰ．①迈… Ⅱ．①詹… ②窦… Ⅲ．①法治—文集
Ⅳ．①D902－53

中国版本图书馆 CIP 数据核字（2021）第 277880 号
浙江省版权局著作权合同登记图字：11-2019-369 号

迈向法治

［美］詹姆斯·E.弗莱明 编　窦海心　译

出 品 人	褚超孚
丛书策划	张　琛　吴伟伟　陈佩钰
责任编辑	钱济平　吴伟伟
责任校对	许艺涛
封面设计	程　晨
出版发行	浙江大学出版社
	（杭州市天目山路 148 号　邮政编码 310007）
	（网址：http://www.zjupress.com）
排　　版	浙江时代出版服务有限公司
印　　刷	浙江省邮电印刷股份有限公司
开　　本	710mm×1000mm　1/16
印　　张	14.5
字　　数	193 千
版 印 次	2022 年 1 月第 1 版　2022 年 1 月第 1 次印刷
书　　号	ISBN 978-7-308-20097-4
定　　价	68.00 元